泉城文库

济南出版社

海右名士丛书

房道国 著

房玄龄

图书在版编目（CIP）数据

房玄龄 / 房道国著 . -- 济南：济南出版社，2024.4
（海右名士丛书）

ISBN 978-7-5488-6236-9

Ⅰ.①房… Ⅱ.①房… Ⅲ.①房玄龄（579-648）-传记 Ⅳ.① K827=421

中国国家版本馆 CIP 数据核字（2024）第 059360 号

房玄龄
FANG XUANLING
房道国　著

出　版　人　谢金岭
责任编辑　班经　李晨
装帧设计　牛钧

出版发行　济南出版社
地　　　址　山东省济南市二环南路1号（250002）
总　编　室　0531-86131715
印　　　刷　济南新先锋彩印有限公司
版　　　次　2024年4月第1版
印　　　次　2024年4月第1次印刷
开　　　本　160 mm×230 mm　16 开
印　　　张　10.75
字　　　数　135 千字
印　　　数　1—4000 册
书　　　号　ISBN 978-7-5488-6236-9
定　　　价　49.00 元

如有印装质量问题 请与出版社出版部联系调换
电话：0531-86131736

版权所有　盗版必究

前言

济南是一座国家级历史文化名城，具有悠久的历史与粲然的文化。历史上，这里曾涌现出众多杰出的政治家、军事家、思想家、文学家等，大唐名相房玄龄就是其中之一。

少年时，他得益于文化世家的熏陶，博学多才，关心国家大事；18岁时，他考中进士，惜别故乡，踏上实现人生抱负的征途；隋末战乱，李渊于晋阳（今山西省太原市）起兵，秦王李世民徇渭北，他杖策求见，与李世民一见如故。之后，他追随李世民南征北战、谋划玄武门之变；李世民即位后，他鞠躬尽瘁、尽心辅佐，群臣一道开创了我国历史上著名的"贞观之治"。

作为我国古代贤相，他为李世民在位期间出现的国家政治清明、经济发展繁荣、法制建设完备、文化教育昌盛等做出了巨大贡献。作为明智之臣，他谨言慎行。他深知功高不能盖主，便在国史的编撰中有意抹去了自己的功绩，以突出唐太宗的伟大。

房玄龄在中国历史上做出了卓越贡献，这给泉城济南带来了无上的荣耀。济南人民始终没有忘记这位18岁就惜别故乡的海右名士。2014年12月28日，山东省社会科学界联合会、山东省齐鲁文化研究院、齐鲁晚报联合评选出包括孔氏、孟氏、房氏等在内的28家齐鲁文化世家，并为齐州房氏颁发"齐鲁文化世家"证牌；2017年7月，在山东省专家学者和企业家的鼎力合作下，"山东清河堂房玄龄文化研究中心"（首届理事长房吉后、首届中心主任房道国、首届秘书长房公会）由山东省民政厅批准成立；2019年，山东省、济南市、历城区文物部门和彩石街道办事处合作建成了以省级重点文物保护单位——房彦谦（房玄龄之父）墓为基础的"房彦谦历史文化公园"……

笔者作为考古学者和房玄龄故里的房氏后人，出于宣传中华优秀传统文化的责任和对大唐名相房玄龄的敬仰，欣然接受宣传部门有关房玄龄人物传记的写作邀约。在写作过程中，笔者查阅了大量的学术资料，汲取了诸多专家学者的学术营养，在此表示衷心的感谢！

本书主要讲述了房玄龄年少时在济南的美好时光，初入仕途的坎坷，与李世民一见如故、协助其征战南北，主谋玄武门之变，尽心辅佐李世民、成就"贞观之治"，贞观五年（631）奉诏回乡、安葬父亲房彦谦等。期待拙作能为读者了解一代名相房玄龄及弘扬中华优秀传统文化与提高济南的知名度有所裨益。

"海右此亭古，济南名士多。"让我们以海右名士为楷模，与时偕行，爱国敬业，为把故乡济南建设得更加美好、为使祖国更加繁荣富强、为实现中华民族伟大复兴做出自己应有的贡献！

济南市考古研究院研究员
山东房玄龄文化研究会会长　房道国

2024 年 3 月 3 日

目录

第一章　少年英才出齐州　001

第二章　乱世投主襄大计　025

第三章　玄武谋划定社稷　051

第四章　玄龄为民创盛世　061

第五章　千里乡音曾记否　107

结　语　人虽远逝名流芳　141

附　一　《隋书·房彦谦传》　146

附　二　《旧唐书·房玄龄传》　153

主要参考文献　162

第一章
少年英才出齐州

中华民族具有5000多年的悠久历史,在历史的长河中,涌现出许多伟大的政治家、军事家、文学家、艺术家……他们对中华文明的形成和融合、人类社会的发展和繁荣,均产生过重要影响,从济南走出的大唐名相房玄龄就是其中一位。

第一节　房玄龄籍贯考证

在本书开篇之际,首先要厘清房玄龄的籍贯问题。就史学界而言,已有一些学者对房玄龄进行了较多研究,受篇幅所限,在此不再赘述。笔者对史书中有关房玄龄籍贯的记载早就怀有疑问,尤其是20世纪70年代济南市历城区牛王庄房彦谦及房夷吾墓志铭的出土,更让笔者感到有必要本着实事求是的原则,对房玄龄的籍贯问题进行重新探讨。要想对大唐名相房玄龄进行深入研究,就必须通过考古资料并结合相关的历史文献,对房玄龄的籍贯进行严谨的考证,进而说明房玄龄的籍贯不是今天的淄博市临淄区,而是济南市历城区。

房玄龄像

房玄龄(579—648),名乔,字玄龄(一说名玄龄,字乔)。房玄龄博览经史,工书善文,18岁时本州举进士,先后授羽骑尉、隰城尉。隋末大乱,李渊率兵入关,房玄龄于渭北投李世民,屡从秦王出征,参谋划策,典管书记,任秦王府记室。每平定一地,别人争着求取珍玩,他却首先为秦王幕府收罗人才。他和杜如晦是秦王最得力的谋

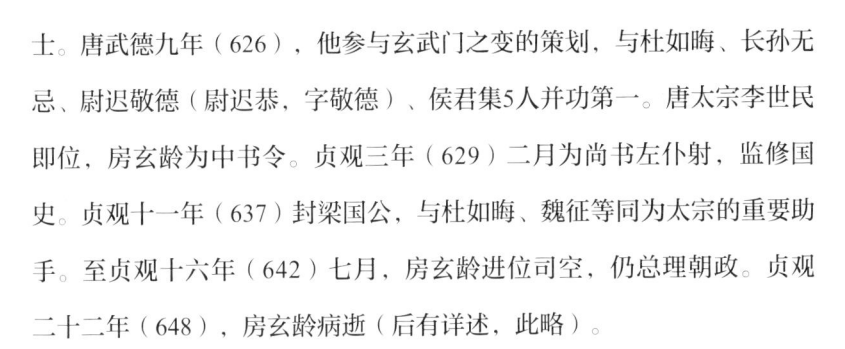

士。唐武德九年（626），他参与玄武门之变的策划，与杜如晦、长孙无忌、尉迟敬德（尉迟恭，字敬德）、侯君集5人并功第一。唐太宗李世民即位，房玄龄为中书令。贞观三年（629）二月为尚书左仆射，监修国史。贞观十一年（637）封梁国公，与杜如晦、魏征等同为太宗的重要助手。至贞观十六年（642）七月，房玄龄进位司空，仍总理朝政。贞观二十二年（648），房玄龄病逝（后有详述，此略）。

房彦谦（547—615），字孝冲，房玄龄之父。他通涉五经，工草隶，历任北齐齐州主簿、隋监察御史、长葛令、郡州司马、司隶刺史、泾阳令等职。他为官勤勉廉正，隋文帝时考察地方官吏，推其为"天下第一能吏"。父以子贵，唐时他被追赠为徐州都督、临淄公，谥曰"定"。

下面我们通过考古资料并结合相关的历史文献，对房玄龄的籍贯进行初步的考证。

（一）房玄龄籍贯临淄说的由来

房玄龄籍贯临淄说最早记载于《旧唐书·房玄龄传》《新唐书·房玄龄传》。《新唐书·房玄龄传》云："房玄龄，字乔，齐州临淄人（今山东省淄博市东北）。"该史是清代官方钦定的具有至高权威的"二十四史"之一，因此，房玄龄籍贯"临淄说"为人所广泛采用。

（二）房玄龄家族谱系

关于房玄龄的家族谱系，在李百药为房彦谦所作的墓志铭中曾有这样的记述：

> 公讳彦谦，字孝冲，清河人也。七世祖谌，燕太尉掾，随慕容氏□度寓于齐土。……□□植公之十三世祖也。……高祖法寿，宋大

明中，州主簿、武贲中郎将、魏郡太守。立功归魏，封庄武侯，使持节龙骧将军、东冀州刺史。……曾祖伯祖，州主簿，袭爵庄武侯，齐郡内史、幽州长史，□行州事。……祖翼，年十六，郡辟功曹，州辟主簿，袭爵庄武伯，宋安太守。……□（疑为"父"）伯熊，年廿，辟开府行参军，仍行□州清河、广川二郡太守……

这与《隋书·房彦谦传》的记载是一致的。房彦谦的七世祖为房谌，在后燕担任太尉掾，后随慕容德南迁。高祖为房法寿，魏时曾担任青、冀二州刺史。曾祖为房伯祖。祖父为房翼，曾为庄武伯、镇远将军、宋安太守。父亲为房伯熊（《北史》《新唐书》则说房彦谦之父名"熊"），曾任清河内史。

根据房彦谦墓志铭和《晋书》《北史》《魏书》《隋书》《新唐书》《旧唐书》以及其他历史文献记载，我们以房玄龄为基准，将其家世谱系整理如下：

房氏家世谱系

房植（十四世祖）

……（十三世祖至九世祖）

房谌（八世祖）

房裕（七世祖）

□（六世祖）

□（五世祖）

房法寿（四世祖）

房伯祖（三世祖）

房翼（二世祖）

房熊（一世祖）　房豹　房子贞

房彦谦（父）　房彦询　房彦诩

房玄龄

房遗直（子）　房遗爱（子）　房遗则（子）

房植，据《后汉书》卷六十七《党锢列传》载："初，桓帝为蠡吾侯，受学于甘陵周福，及即帝位，擢福为尚书。时同郡河南尹房植有名当朝，乡人为之谣曰：'天下规矩房伯武，因师获印周仲进。'二家宾客，互相讥揣，遂各树朋党，渐成尤隙，由是甘陵有南北部，党人之议，自此始矣。"碑文此处有缺文，原为"□□□植，公之十三世祖也"。根据《后汉书》的这段记载，所缺之文应为"河南尹"3字。东汉桓帝即位后改年号为"建和"，建和元年即公元147年，距房彦谦七世祖房谌生活的年代150余年，其间相隔五世。但《新唐书》卷七十一下《宰相世系一下》说："植八代孙谌，随慕容德南迁，因居济南。"谁说为是，我们暂不下结论。上面我们所列房氏世系，是依墓志所说的五世之说。

（三）从文献记载和考古资料两方面加以考证

房彦谦墓位于济南市历城区彩石街道办事处西彩石村东北的赵山之阳，现为山东省重点文物保护单位，保存完好。墓大致为圆形，现高约5米，直径15米。

济南市历城区房彦谦墓省级重点文物保护标志

房玄龄

《房彦谦碑》拓片（局部）（济南市博物馆藏）

欧阳询隶书拓本《房彦谦碑》（局部）

墓前矗立着唐代著名书法家欧阳询书丹的《房彦谦碑》一幢。唐贞观五年（631），房玄龄将父亲灵柩归葬于故乡齐州赵山之阳，并由太子右庶子、有"一代文宗"之誉的李百药撰写碑文，太子率更令、弘文馆学士欧阳询书丹，刻石立于墓前。墓地尚有唐刻石虎、石羊各一，另有清同治年间章丘知县蒋庆第《记事碑》一幢。

《房彦谦碑》，全称为《唐故都督徐州五州诸军事徐州刺史临淄定公房公碑铭并序》，又称《徐州都督房彦谦碑》。碑高3米、宽1.3米、厚0.4米，由碑首、碑身、碑趺3部分组成，形制华美而庄穆。因年代久远，碑趺现已沉于地下，不复得见。碑首和碑身共用一整块巨石雕成，碑首为拱形顶，两侧各有3条螭龙盘绕，碑额为篆书，题"唐故徐州都督房公碑"9字，正文为隶书（兼有楷体）。碑阳36行，行78字；碑阴15行，行13字。碑侧3行，前2行，行12字；后1行9字。《房彦谦碑》全文，在清代纂修的《全唐文》

中有载。

关于此碑的记载，最早见于宋人赵明诚《金石录》："右《唐房彦谦碑》。彦谦，玄龄父也，在隋任司隶刺史，出为泾阳县令，卒官，不大显，而《隋书》立传二千余字者，盖修史时玄龄方为宰相故也。……碑，李百药撰，欧阳询八分书，在今齐州章丘县界中，世颇罕传。"

据《章丘县志卷十四·金石录》载：右碑，螭首龟趺，碑高一丈一尺一寸四分，广五尺三寸，共三十六行隶书。碑阴亦隶书，共十五行。额篆：唐故徐州都督房公碑。字径三寸五分，不详篆者姓名。左署唐故都督徐州五州诸军事徐州刺史临淄定公房公碑铭并序，碑右侧署太子右庶子安平男李百药撰太子率更令渤海男欧阳询书，末书贞观五年三月二日树。

另外，在顾炎武《金石文字记》、李光暎《观妙斋藏金石文考略》、钱大昕《潜研堂金石文跋尾》、阮元《山左金石志》、陆增祥《八琼室金石补正》、方若《校碑随笔》等文献中均有相似记载。

同时，在济南市历城区牛王庄，也出土了房彦谦的二兄房彦诩及彦诩子房夷吾的墓志。墓志于唐贞观五年（631）刊，1977年出土于济南东郊第二砖瓦厂工地房彦诩墓中。房彦诩墓为二次迁葬墓，考古人员发现时，墓葬已被破坏，随葬器物仅见陶片而已。出土墓志两盒，均为青石质，有盖，盝顶形。房彦诩墓志刻篆书阳文"齐故千乘县令房君铭"，志盖长64厘米，宽60厘米；盝顶长47厘米，宽40厘米。志文隶楷书，30行，行30字。志文如下：

君讳彦诩字孝和，清河人。帝尧之裔，汉司空植十三世孙。大圣膺期，庆流千□，高门积祉，道光百世。高祖法寿，宋武贲中郎将，立功归魏，青冀二州刺史，壮武侯。公将去国，发神气于牛升；贞乾充庭，振奇声于韶汉。祖翼，袭爵壮武伯，镇远将军，宋安太守。名以鼓风俗，德以光缙绅。敬刑齐礼，安仁和义。父伯熊，清河内史。温柔行物，恭俭厉身，衣锦本帮，大弘声绩出后。叔父，乐陵府君，气调密爽，神仪魁杰，朝野望实，标致甚高。君英灵降祉，圭璋表润，少游庠序，涉历群言。起儒席之膏肓，通玄门之关键。虽隐曜含先，声实潜畅，栖神毓德，徽猷藉甚。州将辟为主簿，委以州事。三齐殷阜，一方都会。君外持公正，内抚乡情。剖断谐其宽猛，言行尽其忠信。邦国不空，时誉俄远。释褐仪同开府行参军，寻除殿中侍御史。方直之操，以法措枉；仁恕之道，□己及物。是故柔而不挠，严而不残，独步宪台，斯人而已。改授青州法曹参军，行益都县事，寻除千乘县令。以礼训俗，以德止刑，期月之闲，仁声载路。虽鲁恭之宰中牟，子贱之治单父，自我观之，彼多惭色。既而齐祚云终，情切朝市，称疾言归，不应时命。齐倚伏于一指，游语默于六虚，居常待终，萧然自得。隋开皇十年三月九日辛于历下，春秋卅九。以贞观五年岁次辛卯三月庚申朔十三日壬申，葬于历城之东原。惟君幼若成人，早游名□，俊才与神姿并秀，雅道共天性相符。礼义入周孔之门，清虚存黄老之术。敬□之极，色养无方。□顿之至，情痛斯尽。

大唐使持节徐州都督临淄定公，君之第六弟也。昆季七人，花萼四照，华阳五凤，荀氏八龙，物议时谈，弗之尚也。家富于□，性好周急，千里之客，仓廪每虚。一面之交，车马同敝。及还游故里，毕散余金。远啸长吟，叶归田之致，荒涂幽迳，会招隐之心。

每为濠上之游，自得业中之趣。夫人范阳卢氏，魏司空道虔之孙，齐齐安君守昌裕之女。出自鼎门，来仪贵族，义光嫔则，道映女师，饰曹大家之黼藻，循梁高行之名节。非唯宾敬之美，亦尽行乐之欢。仰偕老而褰期，遂宛颈以长毕。以大业十三年八月廿八日卒于山茌县。春秋六十七。有子玄瞻，性履中和，克隆丕绪，爰逮此辰，迁神同穴，衔哀赐托。乃述铭云：

赫矣昌原，丹陵风雨，美哉崇构，司空规矩，谁其嗣□，于惟壮武，重光世属，德星攸聚，载诞俊民，膺斯余庆，进德弘道，居

房彦谀墓志铭

房玄龄

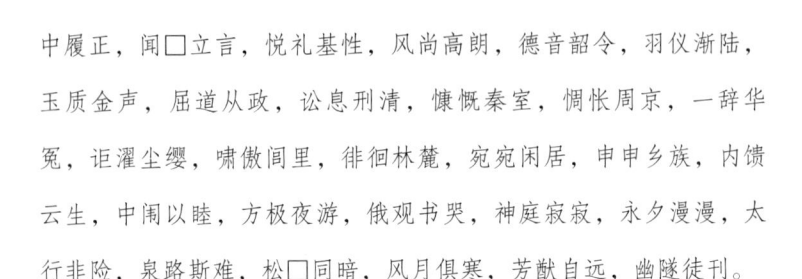

中履正，闻□立言，悦礼基性，风尚高朗，德音韶令，羽仪渐陆，玉质金声，屈道从政，讼息刑清，慷慨秦室，惆怅周京，一辞华冕，讵濯尘缨，啸傲间里，徘徊林麓，宛宛闲居，申申乡族，内馈云生，中闱以睦，方极夜游，俄观书哭，神庭寂寂，永夕漫漫，太行非险，泉路斯难，松□同暗，风月俱寒，芳猷自远，幽隧徒刊。

从房彦诩墓志中，我们可以得到两个信息：一是房彦诩有"昆季七人"，房彦谦是"君之第六弟也"；二是房彦诩于"隋开皇十年（590）三月九日卒于历下（今济南市历下区境内）"，贞观五年（631）葬于历城东原（今济南市历城区牛王庄附近）。

房彦诩的儿子房夷吾的墓志上刻篆书阳文"大唐故处士房君之铭"9字，志石边长57厘米，志文隶书，24行，行24字。房夷吾墓与其父母墓均为二次迁葬。志曰：

君讳夷吾，字□□，清河人也。稽古冠于虞书，分茅启于周服。泉原自远，历砥柱而涟漪；根□惟深，交邓林而韪晔。故难得而详矣！十四世祖植，汉司空公，职思邦事，位履泰阶，功赞前王，庆流后叶。曾祖翼，宋安太守，袭封壮武伯。祖豹，乐陵太守。父彦诩，州主簿、千乘县令。皆以允兹文武，成其业行，世凭华轼，还继鸣琴。君以龆龀之年，早闻令誉；章甫之际，遂播奇声。居三省而持身，游六艺而娱志。虽复垂帷闭户，未足比其精勤，四字五行，讵可方其览识。又以家世能官，宗多循吏。数闻疑谳，尝经缮写，是以心闲法令，手善书刀。才称庠序之庭，声冠人伦之表。有隋之世，天下杰昌，八道屡行，九皋斯听。皆欲编名异等，乐奏嘉宾。终以亲在期年，固求膝下，而入尽孝第。出接州间，见颜色而知温，瞻衣冠而可畏。昔许邵在邑，行旅为之修容；王烈居乡，狂夫为之改行。方之于君，□多惭矣！而天不与善，寿靡常期，春秋卅有七，以大业十三年八月十日卒于家，呜呼哀哉。至于大唐受图，下武陟位，家门叶庆，台衮时升。粤以贞观五年，岁次辛卯，三月庚申。朔十三日壬申，爰具礼物，迁窆于千乘君墓次。式镌行状，同瘗泉宫，而作铭曰：

系自陶唐，分茅在房。周承王几，汉佩金章。盘槐本固，积石流长。义均不朽，时惟克昌。有斐先贤，如圭弈世。□生之子，高□是继。性禀清逸，心游文艺。茂等松筠，芳犹兰蕙。迪其言行，萦□丝纶。深谋晦已，居家事亲。闲庭载肃，乡党推仁。顾兹风树，无由问津。子晋声嘶，颜回发白。虽经摄养，讵申丹液。日末高春，奄同过隙。既乖□语，遂成畴昔。我有常□，迸处甘棠。迁乎幽魄，宅此高□，□苔布紫，龙菊舒黄。于嗟铭石，宁期日光。

济南市历城区房彦谦墓（局部）

房彦谦墓和房彦诩墓的发现，充分表明房氏家族与济南的渊源，他们至少在隋开皇十年（590）已定居于济南。《隋书·地理志》载："历城，旧置济南郡，开皇初废，大业初置齐郡。"另外，在唐段成式所著的

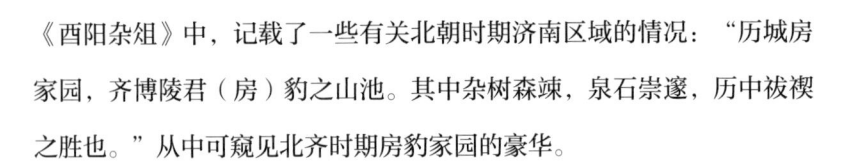

《酉阳杂俎》中，记载了一些有关北朝时期济南区域的情况："历城房家园，齐博陵君（房）豹之山池。其中杂树森竦，泉石崇邃，历中祓禊之胜也。"从中可窥见北齐时期房豹家园的豪华。

（四）初步结论

因此，关于房玄龄的籍贯，"齐州临淄说"应为一种误解。这是因为，唐代州郡互称，故"齐州临淄"即为"齐州临淄郡"的略称。唐时，齐州曾一度改为临淄郡，《新唐书·地理志》载："齐州济南郡，上。本齐郡，天宝元年更名临淄，五载又更名。"（笔者按：改称临淄郡之事，或在唐初，当早于天宝元年。）另，《文献通考·舆地三》也载："（隋）炀帝初，置齐州。唐复为齐州，或为临淄郡，复改为济南郡。"由此可见，所谓"齐州临淄"，即指齐州济南郡，亦即今之济南市。而临淄县在唐代为青州北海郡之属县，从未归属过齐州。

"籍贯"一词的权威解释有两种：一是祖父出生地；二是本人出生地。房彦谦碑的记载和历城区牛王庄出土的房彦诩、房夷吾墓志铭，是当时人刊刻的，均说明房玄龄的籍贯应在历城区；史书是后人撰写的，难免有误。

第二节　齐州房氏

根据考古和文献资料相互印证，房姓源于河南遂平。相传，尧舜时期，舜封尧的儿子丹朱于房地，丹朱之子陵则以国为姓，故而成为房氏一族的始祖。

西汉时，房陵的第四十八代孙房雅成为当时清河郡（今山东与河

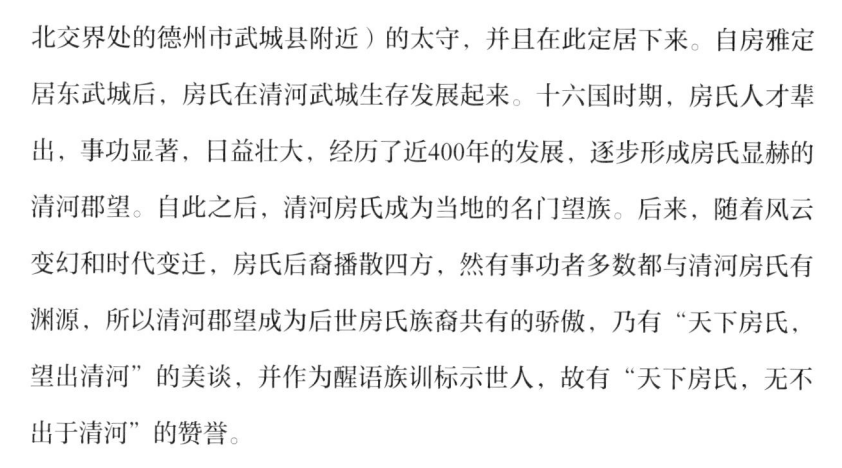

北交界处的德州市武城县附近）的太守，并且在此定居下来。自房雅定居东武城后，房氏在清河武城生存发展起来。十六国时期，房氏人才辈出，事功显著，日益壮大，经历了近400年的发展，逐步形成房氏显赫的清河郡望。自此之后，清河房氏成为当地的名门望族。后来，随着风云变幻和时代变迁，房氏后裔播散四方，然有事功者多数都与清河房氏有渊源，所以清河郡望成为后世房氏族裔共有的骄傲，乃有"天下房氏，望出清河"的美谈，并作为醒语族训标示世人，故有"天下房氏，无不出于清河"的赞誉。

齐州房氏，始自房彦谦七世祖房谌，与《北史》记载略同。

在房谌抵达济南的时候，济南既是陆上交通要道，又是漕运要道，经济繁荣、文化发达，在地域基础方面与清河郡具有相似性，且各项条件比清河郡更为优越，既有儒家文化的底蕴，又兼开拓进取的精神。

房谌在齐州定居后，任广平郡守，居住于济南历城，并将与他一起南渡黄河的房氏宗党乡人安置在离历城不远的东清河郡绎幕县赵山之阳（今济南市历城区彩石街道办事处西彩石村北一带）。

房谌自清河南迁齐州，造就了齐州房氏的辉煌，代有文臣武将，名震一方。限于篇幅，仅就房玄龄支系上推数代，列举如下。

房谌：齐州房氏始祖。十六国时在后燕担任太尉掾，后燕君主慕容宝奔返龙城时，房谌洞察世情，选择投奔南燕君主慕容德，迁居山东济南。史称房氏在齐州（今山东省济南市）"家有旧业，资产素殷"，齐州房氏豪强势力自此逐步形成。

房法寿：房谌的玄孙。喜欢射猎，勇敢果决，20岁时做了州主簿，后来因为母亲年老，不再承应州郡的差遣。他经常偷杀牛等以供养母亲，还召集壮士，常常有数以百计的人跟着他。

刘宋泰始元年（465），湘东王刘彧杀刘宋前废帝刘子业自立，刘彧即宋明帝。泰始二年（466），宋明帝刘彧与晋安王刘子勋（刘子业之弟）为争夺刘宋帝位而展开了一场大战。冀州（治今济南市历城区）刺史崔道固等起兵拥护刘子勋，房法寿与清河太守王玄邈一同起兵，合力讨伐崔道固，被王玄邈委派为司马，屡次打败崔道固的军队。崔军十分惧怕房法寿的领兵谋略，房法寿由此声威大震，因功被任命为绥边将军、魏郡太守。刘子勋死后，崔道固先降北魏，后又在刘彧劝诱下叛魏归宋，仍然任冀州刺史，房法寿成为其属下。崔道固对他严加苛责，房法寿因此迟迟不肯到魏郡（今河北省临漳县西南）上任。

刘宋王朝骨肉相残的这场内战，使北魏有了可乘之机。北魏献文帝皇兴元年（南朝宋明帝泰始三年，467），北魏大将慕容白曜率兵攻打刘宋青、冀等州。房法寿的从堂弟房崇吉在升城（今济南市长清区东北）镇守，母亲和妻子都被慕容白曜俘获。房崇吉逃到房法寿处，请房法寿想办法解救。房法寿既怨恨崔道固的逼迫，又同情房崇吉，便与房崇吉起兵反叛刘宋，接着向慕容白曜投降，以赎取房崇吉的母亲和妻子。崔道固派遣军队围攻盘阳，房法寿等据险坚守了20余日。慕容白曜派遣将军长孙观赶赴盘阳，送还了房崇吉的母亲和妻子，这时崔道固的军队才逃散。长孙观军队入城后，北魏献文帝下诏任命房法寿为平远将军，与韩骐驎同为冀州刺史。为安抚新占地区的民心，献文帝又下诏任命房法寿堂弟房灵民为清河太守，房思顺为济南太守，房灵悦为平原太守，房伯怜为广川太守，房叔玉为高阳太守，叔玉兄房伯玉为河间太守，房伯玉堂弟房思安为乐陵太守，房思安弟房幼安为高密太守，房氏家族8人同时受封，名震一方。

慕容白曜攻下历城（冀州侨治）、梁邹（治今山东省邹平市东北，幽州侨治）后，房法寿、房崇吉等与崔道固一起到了北魏的京城平城（今山西省大同市）。朝廷把房法寿列为上客，因功赐房法寿爵位壮武侯，加授平远将军，赐以田地、房宅、奴婢等；把房崇吉列为次客；把崔道固等人列为下客。房法寿喜欢施舍，恩泽北朝，著名武将毕众敬等都十分看重他的仁爱情怀。

房法寿于北魏太和年间（477—499）病逝，被追赠为平东将军、青州刺史，谥号"敬侯"。房法寿有三子较为知名，即伯祖、叔祖、幼愍。房伯祖：房法寿长子，承袭壮武侯的爵位，依惯例降为伯爵，任齐郡内史。房叔祖：房法寿二子，因功赐爵，历任广陵王国郎中令、长广东莱二郡太守、龙骧将军、中散大夫。永安年间，担任安东将军、郢州刺史。房幼愍：房法寿三子，曾任安丰、新蔡二郡太守。

另外，房法寿的堂侄房景伯、房景先、房景远，也是北魏时期的著名人物。当时，房氏家族虽以军功而恢复贵族身份，但后来的发展却更偏重于文化事业，重视对子弟的教育，以卓越的家风和家学而振兴家族，赢得了世人尊敬，族中多有以文学（包括学术）、文治而得高位者，可谓儒学世家。这方面较突出的代表人物，北朝时要推房景伯、房景先、房景远兄弟3人，隋唐时要推房彦谦、房玄龄父子。

房景伯，字长晖，少丧父，家贫，以孝闻。曾任齐州辅国长史，并代行刺史之权，为政宽简，颇得民心。房景伯性情淳厚，据史书记载，他在担任清河郡守时，有一个名叫刘简虎的人，因为曾对房景伯无礼，担心房景伯报复，就举家投奔了山贼。房景伯到处搜捕刘简虎，终于抓获了他。房景伯并不记旧仇，他任命刘简虎的儿子为清河郡佐治官吏，让其告谕山贼，只要归顺朝廷，就既往不咎。山贼们见房景伯不记旧仇，纷纷归顺了。

房景伯事母至孝。在清河任上时，遇一老妇人控告儿子不孝。回家后，房景伯跟母亲崔氏谈起了此事，并准备治那个不孝子的罪。母亲了解了情况后，说道："普通人家子弟没有受过教育，不知孝道，不必过分责怪他们。"并叫房景伯把那对母子叫到家中，与老妇人同榻共食，让老妇人的儿子在旁边观摩，看房景伯是如何照顾母亲的。房景伯早晚向两位老人请安，在衣食住行方面悉心安排，并与母亲聊天谈心。不到10天，老妇人的儿子就羞愧难当，承认自己错了，请求与母亲一起回家。崔氏却不让他们走，对房景伯说："这人看起来很羞愧，但实际上内心并没有真正悔改之意，再让他们住些日子。"又过了20多天，见房景伯还是一如既往地对母亲，没有一点怨气，老妇人的儿子被深深地打动了，才真正认识到了自己的错误。他跪在房景伯和房母面前，不停地磕头，表示自己一定真心改过，把头都磕破了。后来，老妇人的儿子成了乡里远近闻名的孝子。房景伯以身教人，用自己的孝行感化了不孝子。对此，林同的《贤者之孝二百四十首·房景伯》这样写道："亲见房太守，殷勤奉旨甘。那能不心愧，岂止是颜惭。"

后来，房景伯历任高级文官，在司空长史任上时因母亲生病而辞官。房景伯与兄弟之间互敬互爱，严守礼仪，乡人皆称叹说："有礼有义，房家兄弟。"连当时以评人苛刻闻名的廷尉卿崔光韶都屡次称赞房景伯"有士大夫之行业"。房景伯死后被追赠为左将军、齐州刺史。

房景先，字光胄，房景伯次弟。他幼时孤贫，但精勤好学，十分孝

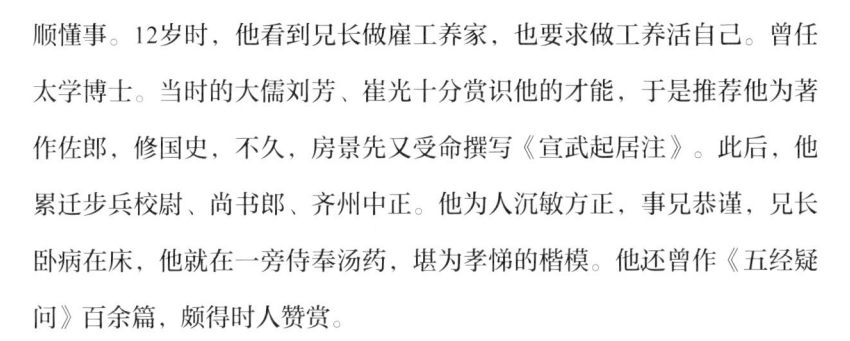

顺懂事。12岁时，他看到兄长做雇工养家，也要求做工养活自己。曾任太学博士。当时的大儒刘芳、崔光十分赏识他的才能，于是推荐他为著作佐郎，修国史，不久，房景先又受命撰写《宣武起居注》。此后，他累迁步兵校尉、尚书郎、齐州中正。他为人沉敏方正，事兄恭谨，兄长卧病在床，他就在一旁侍奉汤药，堪为孝悌的楷模。他还曾作《五经疑问》百余篇，颇得时人赞赏。

房景远，字叔遐，房景伯幼弟。为人豪爽，乐善好施，重诚信。他任齐州主簿时，于灾年尽力辅助房氏宗亲、周围乡邻，并施舍赈粥，救活了很多过路的饥民。后来，有受过他赈粥的人不幸沦为劫匪，因感念房景远之恩，在一次抢劫时放过了20余人的性命。房景远侍母甚孝，对两位兄长十分尊重。他在抚养房景先遗留下来的孩子时，也十分用心。

对房景伯三兄弟，《魏书》称颂曰："景伯兄弟，儒风雅业，良可称焉。"

房翼：房伯祖之子，房玄龄曾祖，继承爵位，任宣威将军、大城戍主。北魏永安年间（528—530），任青州太傅开府从事中郎。房翼有二子：房熊、房豹。

房熊：房玄龄祖父，字子威（一字子彪），曾行清河、广川二郡守。

房豹：房玄龄叔祖，字仲幹。他依靠家族在地域上的影响力，17岁就被聘为齐州主簿。之后出任北齐大将军慕容绍宗的开府主簿兼行台郎中，随慕容绍宗在颍川一带防卫西魏的王思政。北齐河清年间（562—565），房豹被授谒者仆射，拜为西河太守（治今山西省汾阳市）。在任西河太守期间，他以清静无为、不扰民为宗旨，扶贫济弱，深得当地百姓好评。后来又升职为博陵太守（治今河北省安平县），政绩颇佳。再后来升任乐陵太守，努力教化百姓，与民休息，百姓因之安居乐业。北齐被北周所灭，房豹回到了自己的家乡，耕种田园以自给。虽然朝廷屡屡征召，但他不欲为官，均以疾病推辞。凡刺史、太守到他的家乡上任，一定会派人来问候他。也就是在此时，他在历城古城和鹊山湖之间开辟了一座山水园林——房家园子。房豹没有儿子，以哥哥房熊的儿子房彦诩为后代。房彦诩明辨事理，颇有学识，曾任殿中侍御史及千乘、益都二县县令，颇有政绩。

房彦谦：房玄龄之父，历任北齐齐州主簿、隋监察御史、长葛令、鄀州司马、司隶刺史、泾阳令等职。他为官勤勉廉正，隋文帝时考察地方官吏，推其为"天下第一能吏"。

房彦谦博览经史，擅著文章，精于书法，并且深谙政务。他以天下为己任，胸怀拯世济民的大志，为官清正廉洁，善行惠政，不屈己，不媚人，进退有据。他为人端庄厚重，体质文雅，谦恭自处，恪守"清白"之节；门风肃穆，所交游的人皆为知名雅澹之士。

房彦谦在家里时，每当子侄来问安，都不厌其烦地勉励、教导他们。担任官职的时候，他把自己的俸禄都拿出来救济贫困的亲友，因此家中财产并不丰厚，无论衣食住行，都以节俭为旨，也从不在职业上谋取私利。他曾对房玄龄说："人皆因禄富，我独以官贫。所遗子孙，在于清白耳。"意思是别人都因官俸而富，我偏偏以做官而贫。我能够留给子孙的，只有"清白"二字啊。这种优良的品德使房玄龄受到深远的影响。

第三节　房玄龄的少年时代

（一）自幼聪颖，博览群书

房玄龄出生于579年，正是历史上再一次实现全国统一的前夕。581年，杨坚废北周静帝，自立为帝、国号隋、建元开皇，是为隋文帝。房玄龄出生后不久，便遇上了这场改朝换代的变动。其父房彦谦在北齐末任齐州治中，齐亡后即隐居不仕，直到隋开皇七年（587），才因齐州刺史韦艺推荐，入朝为官。据此可知，房玄龄少时是居住在故乡齐州的，因而齐州大地博大精深的历史文化底蕴和齐州房氏家族的家学、家风，深深地滋养着他。隋取代北周，是一场不流血的宫廷政变，所以对地方的震动不大。虽然杨坚初摄政时，北周重臣、相州总管尉迟迥起兵反杨，一时多有州郡响应；尉迟迥的侄子尉迟勤时任青州总管，也发兵5万支持尉迟迥。而青州与齐州毗邻，齐州士民难免要受到牵累，但不久尉迟迥、尉迟勤就兵败而死，叛乱骤起骤灭，齐州幸运地躲过了刀兵之灾。而齐州房氏又是数代簪缨之族，根基深固，所以房玄龄在少年时期的生活应该是富裕而平静的。他聪明灵敏，在父亲的影响和督导下，勤奋读书，年纪稍长就博览经史，工草

章丘区相公庄街道房玄龄塑像

隶，善属文，胸怀宽广，志向远大。

房氏家学除了文学、经史修养外，还讲究文武兼修、技能培养。颜之推曾对当时的文武兼修有过详细论述：

> 夫君子之处世，贵能有益于物耳，不徒高谈虚论，左琴右书，以费人君禄位也。国之用材，大较不过六事：一则朝廷之臣，取其鉴达治体，经纶博雅；二则文史之臣，取其著述宪章，不忘前古；三则军旅之臣，取其断决有谋，强干习事；四则藩屏之臣，取其明练风俗，清白爱民；五则使命之臣，取其识变从宜，不辱君命；六则兴造之臣，取其程功节费，开略有术，此则皆勤学守行者所能辨也。人性有长短，岂责具美于六涂哉？但当皆晓指趣，能守一职，便无愧耳。

因此，所谓的文武兼修，其中的"武"道，并不单指军事才能，它

《四库全书》本《颜氏家训》书影

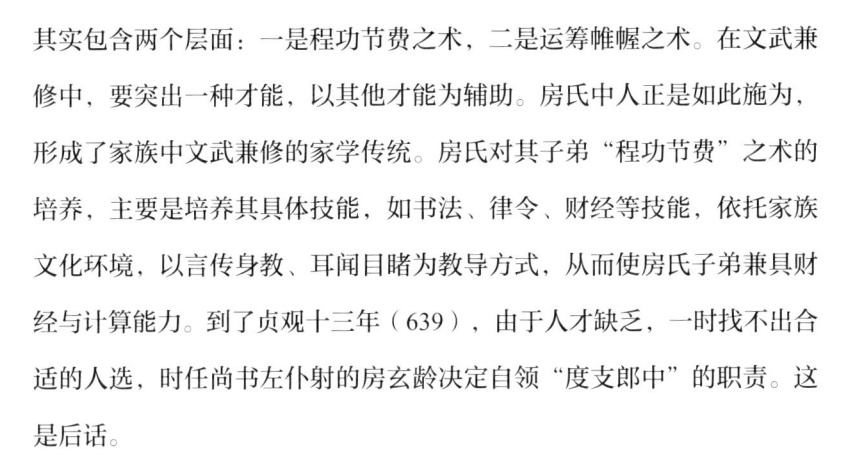

其实包含两个层面：一是程功节费之术，二是运筹帷幄之术。在文武兼修中，要突出一种才能，以其他才能为辅助。房氏中人正是如此施为，形成了家族中文武兼修的家学传统。房氏对其子弟"程功节费"之术的培养，主要是培养其具体技能，如书法、律令、财经等技能，依托家族文化环境，以言传身教、耳闻目睹为教导方式，从而使房氏子弟兼具财经与计算能力。到了贞观十三年（639），由于人才缺乏，一时找不出合适的人选，时任尚书左仆射的房玄龄决定自领"度支郎中"的职责。这是后话。

（二）少年壮志，豪情满怀

房玄龄少年时，齐州发生过一些与当朝天子有关的重要事件，曾轰动一时。

隋文帝杨坚的母亲是济南人，为了纪念母亲，杨坚在齐州大兴佛事，在千佛山造像，重修神通寺。而当时的山东水旱频仍，民生疲敝，百姓日子本来就很艰难，经过这场折腾，更是困苦不堪了。

这些事情，在年轻的房玄龄心中留下了很深的印象，他对隋文帝的作为多有不满。十六七岁时，他曾跟着父亲到过京师，当时朝野上下表面上是一片歌舞升平、安居乐业的景象，许多人以为大隋王朝根基牢固，国祚必定长久。不

隋文帝像

过，房玄龄由于耳闻目睹了许多事件，对此已大不以为然，而是有着与众不同的见解。

隋文帝是位苛察多疑之主，对臣僚皆不信任，事必躬亲，劳神苦行，朝事无论巨细，皆由他一人决断。这样，君臣之间充满猜忌气氛，臣下侍臣，如履薄冰，终日战战兢兢，没有一人敢于直言谏奏。

房玄龄当时虽然年纪轻轻，却已显露出不一般的智慧和见识，对隋王朝潜藏的危机有着清醒的认识。有一次，他回避左右，单独对父亲说："隋帝本来就没有什么功德，只是一味地蒙蔽欺骗百姓，从不为后代子孙做长久考虑。他又不能恰当地处置几个儿子的关系，致使嫡庶名分混淆，相互之间明争暗斗。这几个儿子，又都奢侈荒纵，终究会自相残杀，不能够保全家国。如今虽然表面上太平无事，但动乱丧亡不久就会发生的。"

听了儿子的话，房彦谦非常惊异，连连摆手说："小孩子家，不许乱说！"但心中却深以为然，暗暗称奇，为儿子的深邃眼光和独到见解感到骄傲。后来，房彦谦曾对挚友李少通表达了这种观点，李少通当时并不赞同。不久，到了文帝仁寿（601—604）、炀帝大业（605—617）年间，房玄龄的预言被一一验证了。这从一个侧面证明年少的房玄龄对时局的判断具有前瞻性。

不过，房玄龄对隋王朝时局的研判是深藏于内心、与至亲密谈的，在现实的生活中，他还需要洞察天下大势，顺应体制、屈就威权，去寻求生存、发展和实现远大抱负的路径。

（三）州举进士，惜别故里

科举制度是我国历史上通过考试选拔官员的一种基本制度。它创

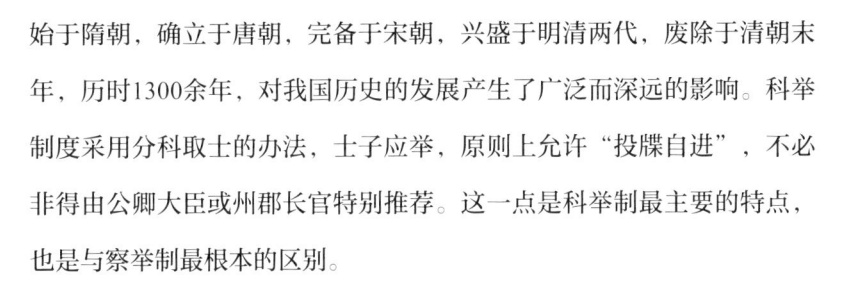

始于隋朝，确立于唐朝，完备于宋朝，兴盛于明清两代，废除于清朝末年，历时1300余年，对我国历史的发展产生了广泛而深远的影响。科举制度采用分科取士的办法，士子应举，原则上允许"投牒自进"，不必非得由公卿大臣或州郡长官特别推荐。这一点是科举制最主要的特点，也是与察举制最根本的区别。

隋开皇七年（587），文帝颁布诏令，命各州每年贡举3人入朝候选，工匠商人不得入内。贡举之士要参加考试，考试由吏部尚书或侍郎主持，内容主要是策论方略；要进行口试和笔试，分甲、乙、丙三等录取。又设秀才、明经两科，以文辞优长者为秀才，明习经书者为明经。时人以秀才为最荣，选拔又十分严格，文帝一朝，中秀才者只有杜正玄。《隋书·文学·杜正玄传》载："开皇末，举秀才，尚书试方略，正玄应对如响，下笔成章。"

到了开皇十八年（598），文帝下诏特设"志行修谨""清平干济"二科，命京官五品以上者及各州总管、刺史举荐人才。这次选拔官员由吏部主持，以吏部尚书为主，以吏部侍郎为副，坚持"先德行后文才"的标准，史称这次选拔的人才"最为称职"。自此以后，六品以下的官员选任，皆归于吏部决定，汉以来沿行已久的由地方长官征辟属官的办法基本上停止了，中央政府收回了选任用人权。房玄龄时年18岁，考中进士，告别故乡，踏上实现人生理想与抱负的漫漫征途。

第二章

乱世投主襄大计

房玄龄

第一节　仕隋坎坷，心忧天下

（一）授羽骑尉，受"杨谅叛乱"所累

房玄龄考试中第后，要经吏部铨选，主持铨选的是吏部侍郎高构。高构，字孝基，北海（今山东省青州市）人，生性滑稽，富有智慧，喜好读书，精于官府事务，北齐时曾任兰陵（今山东省枣庄市）、平原（今山东省平原县）二郡太守，隋建立后曾任冀州司马、雍州司马、吏部侍郎等职，素以知人善任著称。吏部尚书牛弘对他十分倚重，他退休之后，牛弘每次选任官员，都要派人到他家中征求意见。高构与房彦谦有同乡之谊，关系密切，自然对房玄龄尤为关注。他亲自接见了这个年轻的进士，一番交谈之后，极为叹赏，为房玄龄的足智多谋所折服。他曾对尚书左丞裴矩说："我见到的人才很多了，但没有一个能比上这个年轻人的，他将来必成大器。遗憾的是我老了，不能亲眼看见他凌云拂日的成就了。"

经过吏部铨选，房玄龄成为羽骑尉，后被任命为隰城（今山西省汾阳市市区）尉。隰城，隋朝时属于西河郡治地。县尉掌管一县的大小事务，品位虽低，但隋唐时期举子入仕，大多由此官肇始。

就在房玄龄赴任不久，隋王朝的政局接二连三地发生了重大变化。

隋文帝的幼子杨谅，本名杨杰，字德章，深得文帝宠爱，开皇元年（581）被封为汉王。开皇十七年（597），杨谅出任并州总管，西起华山、东至渤海、北达雁门关、南到黄河的52个州都归他掌管，文帝还允许他不受律令限制，可以自行处理事务。赴任时，文帝亲自到温汤为他

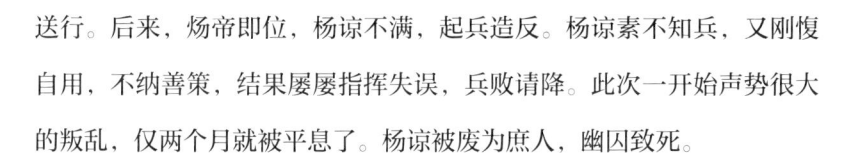

送行。后来，炀帝即位，杨谅不满，起兵造反。杨谅素不知兵，又刚愎自用，不纳善策，结果屡屡指挥失误，兵败请降。此次一开始声势很大的叛乱，仅两个月就被平息了。杨谅被废为庶人，幽囚致死。

杨谅的叛乱使并州境内的官吏军民受到连累，许多人以从逆的罪名被惩处。西河郡的隰城在并州治内，身为县尉的房玄龄自然脱不了干系。房玄龄本就对文帝晚年的朝政多有微词，虽没有直接卷入杨谅叛乱事件，但深有同情之心。杨谅的叛军经过隰城时，房玄龄没有组织军民抵抗，而是采取了静观其变的策略。所以，杨谅失败后，他受到惩处，虽然不算太重，只是被流配到上郡（今陕西省富县），但这也断送了他在隋朝做官的前途，一直到隋朝被推翻，他再也没有出仕为官。

（二）流徙上郡，静观时机

大业二年（606）初，房玄龄被罢官，流徙上郡。流徙于此地的房玄龄并没有消沉，更没有一蹶不振，而是一直关注时局发展，仍怀抱一腔为国为民之志。此时的房玄龄刚27岁，正值风华正盛之年、思维敏锐之时。大业七年（611），山东邹平人王薄在长白山（今济南市章丘区东北）聚众起义，揭开了隋末农民起义的序幕。虽然王薄的起义很快被官军镇压下去，但此后各地大大小小的农民起义相继涌现。自幼心怀大志的房玄龄，审时度势，自然要分析天下如何乱、乱后如何应对方能重归统一。要知道以"知人"见称的吏部侍郎高构就曾对房玄龄以"国器"诩之，想必流徙上郡时期的房玄龄，一定会像诸葛亮隐居卧龙岗一样，深谋远虑，对将来的时局演变预测推演，有了胸中丘壑。既居于关中之地，经史传家、见微知著的房玄龄自当是以史为鉴，以关中为基，深刻地理解了关陇集团的政治遗产，有了乱世之中能者居之的政治认识。因此，后来房玄龄与李世民乍一见面，便如旧识，其深层原因应该是二人所见相同，有共同的人生观、价值观。

正是在这一时期，房玄龄遇到了一生中的知己——杜如晦。上郡距隋京师大兴城（今陕西省西安市）不过数百里之遥，父亲房彦谦此间又在朝中任司隶刺史，到京师探望父亲时，房玄龄遇到了家居京畿的杜如晦。房玄龄博学而多创见，杜如晦明敏而善谋断，这两位胸怀大志的年轻人，趣味相投，志同道合，他们建立起了亲密无间的友情，为后来一起辅佐李世民、共创"贞观之治"打下了良好的合作基础。

大业十一年（615），司隶刺史房彦谦，因为官正直，坚守正义，清廉爱民，得罪权贵，被贬为泾阳县令，不久病于任所。房玄龄因为父亲生病，来到了泾阳，在父亲身边侍疾，衣不解带，目不交睫。父亲卧床百余日后，不幸逝世。房玄龄悲痛不已，5天不进饮食。时山东农民起义军风起云涌，天下大乱，面对这样的情况，房玄龄只能在泾阳（今陕西省泾阳县）暂厝其父灵柩。

第二节　杖策谒于军门

（一）李渊晋阳起兵，世民战功卓著

大业十三年（617）六月，李渊在晋阳正式宣布起事。晋阳起兵是李渊长期酝酿反隋的必然结果。它最早萌发于大业九年（613），后因杨玄感起兵惨败，暂时有所收敛。及至大业十一二年，随着形势的急骤变化，李渊很快地就把反隋的决心化为实际行动。这长达4年的酝酿过程，并不是李渊个人的任意活动，而是由隋末阶级斗争和统治阶级内部矛盾

所制约的。正是错综复杂的客观形势，把李渊推上了历史舞台。

李渊素有大志，在农民起义日益占据优势、隋朝即将败亡的形势下，萌发了取而代之的想法。在李渊起兵的过程中，他的坚忍镇静，李世民的勇于有为，可谓交相辉映，保证了晋阳起兵的胜利。李世民年轻果敢，无所畏惧，善于募兵，擅长计谋，交结和收罗了许多英豪人物。早在大业十二年（616），他就跟随李渊来到太原，奉父亲之命网罗各种人才，结交英豪，发展势力，只要有一技之长，均优待任用。当时，长孙顺德和刘弘基因事亡命于晋阳，李世民以优礼待之，他们在协助李世民募兵方面起了重要作用。此外，李世民和晋阳令刘文静交谊甚笃，他们初次见面就十分投机，对于刘文静提出的攻取天下的策略，李世民十分赞同，笑道："君言正合吾意。"及至大业十三年（617）上半年，李世民敏锐地感知时事，判断发展趋势，多次向李渊提出起兵的具体建议，表现出惊人的才智。

至于李建成和李元吉，则没有来得及参加起兵壮举。他们在河东接到父亲的紧急书信后，急忙奔赴太原，路途上碰见柴绍，才知道起兵一事已成。所以，论功劳而言，他们自然不能与李世民相比，这也为今后的太子之争、玄武门之变埋下了伏笔。

李渊像

（二）一见如故，任职记室参军

李渊父子在晋阳起兵后，迅速占领了关中，甚得人心。此时的房玄龄深知隋朝已经没有多少气数，所以一直在观望时机，欲投明主，借以实现自己的理想抱负。听闻晋阳起兵的消息，房玄龄的内心激荡不已。

当时，农民起义的风暴席卷全国，农民军多达百余支，参加的人数上百万。经过大大小小的战斗，起义军逐渐从分散走向联合，形成3支强大的队伍，一支是河南的瓦岗军，一支是河北的窦建德军，一支是江淮地区的杜伏威军。农民军动摇着隋朝的统治，许多地方豪强也乘势起兵反隋，纷纷割据一方。

在这纷繁复杂的起义形势中，应何去何从，考验着一个人的政治眼光和判断能力。房玄龄以敏锐的洞察力，很快便发现了李渊父子这支起义军所拥有的优势。首先，李渊父子有着深厚的政治基础。李渊出身北周关陇贵族家庭，袭封唐国公，长期掌领军队，并且拥有一支具有很强战斗力的正规军，与其他起义军有本质的不同。其次，李渊父子占据了富庶的关中之地，后备资源丰厚。再次，李渊父子拥有优秀的领导素质和强大的感召力。

于是，在李世民占领渭北后，房玄龄"杖策拜谒于军门"（就是带着自己的策略来自荐），从中足见其诚意。当时，另一位大才子温彦博也十分欣赏房玄龄，并亲自向李世民举荐了他。李世民刚刚起兵，正是用人之际，所以立即接见了这位前来投靠自己的有识之士。这是李世民与房玄龄的第一次会见，二人一见如故。李世民当即任命房玄龄为渭北道行军记室参军，承担军事机要文书的起草与参谋工作。从此，这对历史上有名的君臣，开始了30多年的"最佳拍档"生涯，为大唐的历史增添了最鲜艳的一抹亮色，成就了一段佳话。

（三）运筹帷幄，辅佐李世民征战南北、翦灭群雄

公元618年，李渊建立唐朝，建元武德，立其长子李建成为太子，封次子李世民为秦王兼任尚书令，三子李元吉为齐王。

秦王开府后，房玄龄被任命为秦王府的记室参军兼陕东道大行台考功郎中；杜如晦被任命为秦王府兵曹参军；李靖也被秦王召入幕府，授为三卫郎。自武德元年（618）至武德六年（623），房玄龄协助李世民南征北战、翦灭群雄，并在统一战争中发挥了重要作用，成了李世民最为信赖的智囊和参谋之一。

在此期间，李世民率领部队先后进行了4次对唐王朝的命运具有决定意义的重大战役，每次战役所面对的敌人均是十分强大的，战斗的历程也是非常艰苦，但最终都取得了胜利。究其原因，与李世民雄才大略，能够审时度势适时做出正确的决策，采取机动灵活的战略战术分不开；更与李世民有一个得力的幕僚团队休戚相关，而其中房玄龄、杜如晦等人功不可没，实为幕僚团队中的代表人物。

1. 讨伐薛举、薛仁杲

讨伐薛举、薛仁杲之战，是唐王朝统一战争的第一场大战役。为保证战役的胜利，李世民挂帅亲征，命房玄龄、杜如晦等随从出战，战役经历了"胜利—失败—胜利"的曲折过程，既体现了李世民军事指挥艺术上的日渐成熟，也显示了以房玄龄为代表的李世民幕僚团队的杰出智谋。

（1）前哨战的胜利

薛举是隋金城郡（治所在今甘肃省兰州市）的富豪，他性格豪迈，交结豪猾，称雄于边朔。大业十三年（617）四月，薛举起兵，开仓赈贫，自称西秦霸王，建元秦兴，封儿子薛仁杲为齐公，很快就占据了陇右之地，拥兵13万。当年秋天七月，薛举称秦帝，攻克秦州，又夺得另一支由唐弼率领的拥有10万士兵的起义军，史称"举势益张，军号三十万，将图京师"。薛举父子起兵是陇右豪强地主反隋的行动，其性质与李渊起兵相同，而且进军目标也是指向关中。唐、秦之间的战争，

讨伐薛举、薛仁杲的战争示意图

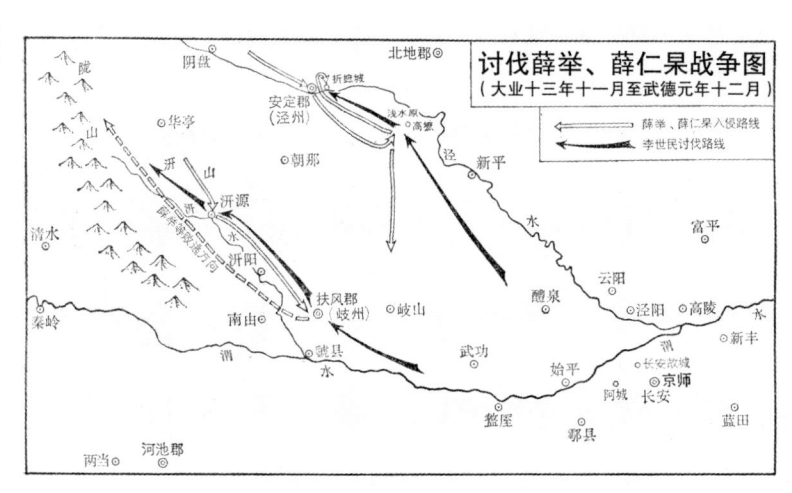

实际上是争夺关中的斗争。

大业十三年（617）十一月，李渊、李世民父子抢先攻占长安。十二月，薛举父子获悉此事，便以10万兵力进逼渭水之滨，包围了扶风郡城，构成了对李渊势力的严重威胁。这时，李世民挺身而出，率众于扶风大破薛仁杲军，并乘胜追至陇坻而还。薛举从未遭到此种挫败，不禁发出了"古代有投降的天子吗"的感叹。而对李渊父子来说，前哨战的胜利不仅鼓舞了士气，而且也使自己在关中站稳了脚跟，便于向外发展。同月，平凉留守张隆、河池太守萧瑀及扶风、汉阳郡守相继来降。接着，李氏政权又取得了巴、蜀之地。

（2）高墌之役

薛举不甘心失败，企图勾结突厥，再次攻打李渊父子军队。武德元年（618）六月，薛举入侵泾州，纵兵掳掠，直至豳州、岐州一带。刚被封为秦王的李世民，以西讨元帅的名义，和刘文静、殷开山等率八总管兵前往抗击。七月，双方对垒于高墌（今陕西省长武县北）。这时李世民却病倒了，无法出征，便把指挥大权交给刘、殷两人，并告诫他们：不要轻敌冒进，可坚壁不出，以逸待劳。可是，刘、殷二人认为如果不出战会被敌军轻视，于是陈兵于高墌西南，恃众轻敌，准备与薛举决战。不料，薛举以精锐的轻骑从背后实行包抄掩袭，唐军大败，死伤无数，高墌城陷落。无奈之下，李世民率军退回长安。

李世民自晋阳起兵以来，几乎是每战皆捷，尚未经历过如此的惨败。因此，这次因骄而败的教训是极其深刻的，使李世民和他的将领、幕僚团队在以后历次战争中都时刻注意保持冷静的头脑。

（3）浅水原决战

薛举获得这次胜利后，有人建议他乘胜直取长安，不料大军出发前，薛举病死。这时，李世民亲为元帅，再次领兵讨伐薛军。九月，唐军再次临近高墌，坚壁不出。敌军多次挑战，有将领请战出击，李世民采纳幕僚房玄龄等的建议，吸取失败的教训，坚决不同意，说："我军才打了败仗，士气正低落。而敌人刚刚打了胜仗，因而骄傲轻敌，我们应当紧闭营门耐心等待。他们骄傲轻敌，我们奋勇攻击，一定可以打败他们。"

就这样，双方相持了60多天，敌军粮尽，其将领梁胡郎等人率领各自的队伍前来投降。李世民了解到薛仁杲手下的将士有离异之心，就命令行军总管梁实在浅水原扎营，以引诱敌军。敌军的将领叫宗罗睺，他得知这一消息后十分高兴，竟出动全部精锐来攻打梁实。梁实谨遵李世民的战略决策，守住险要位置，坚决不出战。营地中没有水源，他们好几天都没有水喝，可仍然顽强抵抗。李世民预测到敌军已经疲惫，认为时机已经到了，便对诸位将领说："可以一战！"

这一天天快亮的时候，李世民让右武侯大将军庞玉在浅水原列阵，宗罗睺迎战，双方激战不已。正当庞玉几乎不能坚持的时候，李世民亲率大军出其不意从浅水原北方出现，他与几十名骁骑率先冲入敌阵，奋力搏斗，呼声动地，大败敌军。

接着，李世民又率领2000骑兵追击，并且鼓励将士们说："现在我军取胜，正势如破竹，机不可失！"李世民率军一路追至折墌城，与泾河对面的薛仁杲营地对阵。薛仁杲惊惧不已，带兵进城拒守。这天傍晚，唐军各路队伍纷纷赶到，包围了折墌城。到了半夜，守城的人纷纷下城投降。薛仁杲无计可施，只好于次日早晨出城投降。这一战，唐军取得巨大的胜利，俘虏薛仁杲的1万多名精兵和5万多名百姓。

对薛举、薛仁杲的战争，前后持续近1年。李世民先是小胜，继而大败，最后大胜。这次战争的胜利，解除了唐王朝来自西北方面的威胁，消灭了争夺关中地区的对手。

当时，从军事上说，薛举父子军号称30万，因地居陇右，掠得隋朝大量官马，而且将骁卒悍，兵锋锐盛，利于速决战。而李渊父子攻长安时，号称20万大军，尤少马匹；但关中地区仓库丰足，物力和财力远远超过秦军，所以利于持久战。秦王李世民正是凭借这种客观条件，依靠聪敏的幕僚和英勇的将士，扬长避短，以卓越的指挥赢得了胜利。

2. 对刘武周的战争

李世民指挥的第二场大战役，是平定刘武周之战。李世民率军自武德二年（619）十一月出征，至次年四月获得全胜。

（1）刘武周军陷晋阳

刘武周出生于豪富之家，年轻时骁勇善射，喜结交豪侠。他在马邑担任鹰扬府校尉时，天下大乱，于是刘武周起兵反隋，依附突厥，很快成为割据北方的一股强大的力量。他还自立为帝，改元天兴。后来，宋金刚军被窦建德打败后，宋金刚便率领自己的4000余士兵投奔了刘武周，更加壮大了刘武周军的声势。刘武周军的发展壮大，威胁着李氏政权，双方势必会有一战，不可避免。

武德二年（619）三月，在突厥的支持下，刘武周南侵并州（治所晋阳）。四月，刘武周接受了大将宋金刚的建议，攻打晋阳，并打算南下争夺天下。当时，刘武周任宋金刚为先驱，率兵2万，再加之突厥的兵力支持，一时间势不可当。时任并州总管的齐王李元吉抵挡不住，榆次被攻陷，太原处于危急之中。五月，刘武周军陷平遥，六月又攻取介州。李渊派右仆射裴寂督军抗击。九月，裴寂和宋金刚战于度索原，结果唐军几乎全军覆没，裴寂只身逃回晋州。刘武周则率军进逼太原，齐王李元吉无力抵抗，夜间逃离，奔回长安。李唐王朝的发迹地竟然旦夕之间陷落了，李渊惊呼不已。十月，宋金刚攻陷浍州与晋州，一时关中大震，情势十分危急。

在如此险恶的形势下，李渊慌忙颁发手敕，意欲放弃河东之地，谨守关西。秦王李世民坚决不同意，他紧急召集幕僚商议，又特命记室参军房玄龄起草奏章，上表请战。房玄龄上表说："太原王业所基，国之根本，河东殷实，京邑所资。若举而弃之，臣窃愤恨。愿假臣精兵三万，必能平殄武周，克复汾、晋。"于是，李世民再次挂帅，前往讨伐刘武周。李渊亲自到长春宫送行，期待李世民讨伐凯旋。

（2）对垒相持于柏壁

这一年的十一月，正值隆冬，李世民率军自龙门乘坚冰渡河，扎营于柏壁（今山西省新绛县西南），与宋金刚对垒相持。李世民到河东后，首先做的事是安抚民心。当地的百姓听闻秦王前来，没有不归附的，无论远近，每天来者络绎不绝，军队实力逐日壮大。同时，李世民在军事上坚持"坚壁不战"的方针，休兵秣马，仅仅命令偏将乘间袭扰敌军。有一次，李世民和年仅17岁的堂弟李道宗观察敌情，问道："敌人仗着人多势众来挑战，你觉得应如何应对？"李道宗答："现在敌人锋芒正露，有势不可当之态，适合用计降服他们，不适合正面交锋。我们现在用坚固的防御工事挫败他们的锋芒，他们必定难以维持长久，等着他们粮尽了，我们就可以不战而胜。"李世民高兴地说："你的意见和我不谋而合。"可见，这种"坚壁挫锐"的战略战术是李世民军中不少将领所熟悉并擅长运用的。

十二月，秦王将领殷开山、秦琼等，在美良川打破刘武周将领尉迟敬德、寻相等。接着，李世民又亲率步兵和骑兵共3000人对敌人进行袭击，俘获了大部分敌军，又回到柏壁。这时，众将纷纷请战，李世民与房玄龄等经过一番沉着冷静的分析，下令说："宋金刚深入我军之地，精兵骁将都集于此地，虽然这次取得了胜利，但仍不适合进行激战与速战，而应该继续固守不出、挫其锐气。"因此，他们继续坚持"坚壁挫锐"之计，终于使唐军一步步地夺得了胜利。

陕西省礼泉县昭陵陵区殷开山刻像

（3）收复并、汾之地

经过长达5个月的对垒相持，敌军气势日衰，供养日益窘迫。唐将李仲文坚守浩州，多次打败刘武周的进攻，切断了敌军的运粮通道。

武德三年（620）二月，宋金刚因军粮困乏，士气低落，不得不后撤，李世民率军尾追至介州。同时，唐军又在吕州大败寻相，并乘胜追击，一昼夜行军200余里，战斗数十回合。到了高壁岭时，由于连续作战，士卒饥疲，但李世民坚持乘胜追击，策马扬鞭，身先士卒，将士们谁也不敢说饿。到了雀鼠谷，经过一日8战，他们俘斩敌军数万人。当晚，他们在雀鼠谷西原休整，此时的李世民2天没吃上饭，3天睡觉不解甲，表现出了英勇战斗的作风。房玄龄和幕僚、将士也都不敢懈怠，按

平定刘武周之战示意图

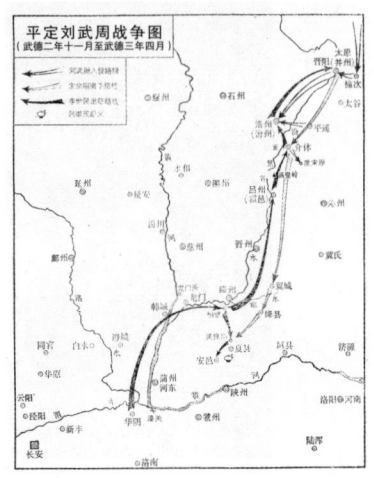

李勣像

照李世民的作战部署，英勇作战。接着，李世民又引兵赴介休城。当时，宋金刚尚有2万部队，欲与世民决一死战。李世民命李勣（即李世勣，原名徐世勣，字懋功，唐高祖李渊赐其李姓，后避太宗李世民名讳，改名李勣）、程知节（原名咬金，后更名知节，字义贞）、秦琼在北，翟长孙、秦武通在南，他自己则亲率3000精骑冲其阵后，结果宋金刚大败而逃，李世民追至张难堡。敌军将领尉迟敬德、寻相等率余部8000人来降。尉迟敬德英勇善骑，是一位杰出的精骑将领。李世民慧眼识敬德，对其加以重用。此后，尉迟敬德追随李世民南征北战，立下汗马功劳。

刘武周得知全军溃败，便带了百余骑弃太原而逃，投奔突厥。李世民进驻晋阳，收复并、汾旧地。为了防范刘武周的残余势力，李世民留下将领李仲文收复并州，自己则返回长安。

3. 对王世充、窦建德的战争

李世民指挥的第三场大战役，是平定王世充、窦建德之战。论规模，这是最大的一次，历时10个月，前8个月是对王世充的作战，后2个月主要是镇压窦建德势力的战争。

（1）伏兵三王陵

武德元年（618）正月，李渊命李建成为左元帅，李世民为右元帅，率军10余万人，向东都洛阳进发。四月，大军到了洛阳，扎营于芳华苑，无法入城。李世民认为："我们刚刚取得关中，根基还不牢，就算攻下洛阳，也很难守住。"于是，他引军而还，并在三王陵设置伏兵，以防备敌人追击。果然，隋将段达率兵万余来追，唐军趁势将其打败。后来，唐王朝为了对付薛举父子，调李世民到陇右抗击，无暇东顾。直到打败刘武周，解除了东北侧的威胁，巩固了关中后方，李世民才腾出手来翦除关东群雄。

（2）唐郑相争

武德元年（618）五月，隋炀帝被杀的消息传来，杨广的孙子越王杨侗被立为皇帝，改元皇泰。九月，隋朝守将王世充击溃李密的瓦岗军，成为这个地区的强大武装集团。武德二年（619）四月，王世充篡夺帝位，国号郑，改元开明。之后，他又乘刘武周南下的机会，夺取了唐在河南的部分土地，扩大了势力。但是，王世充政权内部矛盾重重，派系勾斗，不得人心。将领秦琼、程知节等不满王世充的为人，先后降唐，成为李世民讨伐刘武周的骨干力量。因此，王世充只能坚守东都，不可能大有作为。武德三年（620）七月，唐王朝把战争的重点转移到关东地区，以对付并消灭王世充的势力。李世民再次挂帅，率大军直奔河南，发动攻坚战，以步骑5万夺取了洛阳西线的主要据点慈涧。王世充的守兵退回洛阳，一些州城也纷纷降唐。紧接着，李世民做了重要的部署，调兵遣将，对洛阳形成包围圈，断绝了其粮饷供应，使王世充陷于孤立无援的境地。

武德三年（620）八月，王世充在洛阳城西北的青城宫列兵，李世民也旗鼓相当地摆开阵势。王世充隔水传话，约以割城，建议讲和，被李世民严词拒绝。九月，唐军陆续控制了洛阳外围的大多数军事地点，双方的战争依旧很激烈。有一次，李世民率500骑巡行战地，登上北邙山的魏宣武陵，突然被王世充的万余步骑所包围，敌将单雄信直袭李世民。危急之时，尉迟敬德赶来，他跃马大呼，将单雄信挑落马，保护李世民突围而出。

武德四年（621）二月，王世充的儿子率兵数千，自虎牢运粮入洛阳，结果遭到了唐军的毁灭性打击。由于供给不足，王世充只好关闭城门，不敢再迎战。虽然李世民率军四面围攻，昼夜不停，还是无法攻克洛阳。这时，唐军也状态低迷，士兵劳累懈怠，将帅情绪沮丧，纷纷要求班师。李世民却认为："我们率大军进击洛阳，应该一举击破，才能一劳永逸。现在，洛阳周围的州县都已经归服我们，只剩下洛阳一座孤城，他们不可能坚持很久的，眼看着就要成功，为什么要放弃呢？"房玄龄等人也全力赞同。于是，李世民坚持继续进攻，表现了军事家的胆识。这时候，战争已历时8个月不分胜负，不明的形势令李世民及其幕僚更要保持清醒的头脑，从而进行更冷静的分析，进行更完备的部署。

（3）虎牢之战

就在这时，河北农民军窦建德以10余万之众（号称30万），突然出现在唐军的背后。这是怎么一回事呢？

原来，陷于困境的王世充，曾多次向窦建德求援，企图利用农民军击退李世民，以解洛阳之围。当时，窦建德自称夏王，在河北、山东地区颇得人心，人多势大。对于王世充的求救，他先是不加理睬，坐观唐、郑相斗。到了武德三年（620）十一月，眼见洛阳围击战几乎成了定局，窦建德的部下刘彬建议："李唐、王郑、窦夏现在为三足鼎立之势，不应让唐灭郑，否则唇亡齿寒，夏也有灭亡危险，长远来看，不如救郑。"为了自身利益，窦建德接受了王世充的求援要求，率军渡河南下，以救洛阳，很快就抵达成皋（今河南省汜水镇）的东原。窦建德致书李世民，提出要唐军退至潼关。

面对这种新局势，该如何应对？这时，李世民的部下出现了意见分歧。房玄龄、薛收、杜如晦等人认为，王世充困守洛阳，唯缺粮草。如果夏、郑相连，以河北之粮供应洛阳，那么战斗将延续不已，统一事业就将遥遥无期了。因此，他们建议留部分兵力继续围困洛阳，坚守防御，慎勿出兵，李世民则亲率精兵，抢先占领成皋的险要地点虎牢，

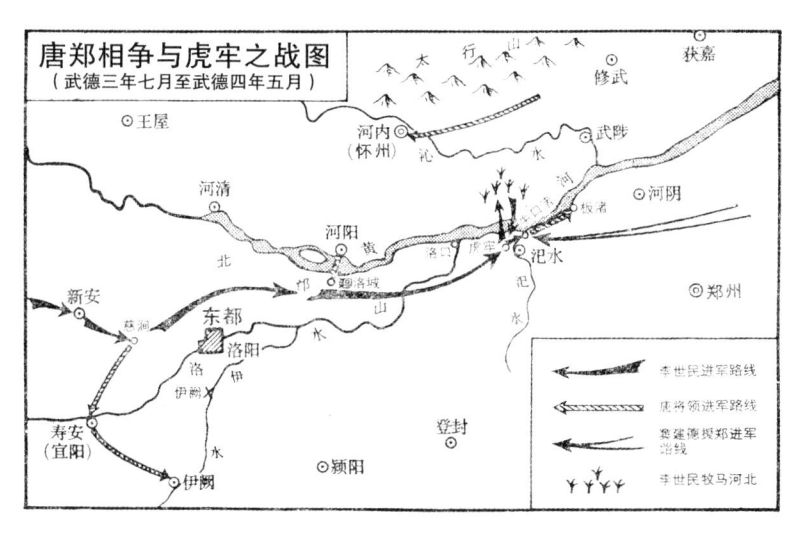

唐郑相争与虎牢之战示意图

房玄龄

陕西省礼泉县昭陵陵区屈突通刻像

在那里进击窦军，只要击败了窦建德，洛阳自然就会不攻而下。而中书令兼司马封德彝、雍州都督萧瑀、兵部尚书屈突通等人则认为，王世充坚城固守而难以攻克，窦建德锋锐气盛而不易抵挡，若东去虎牢，必将腹背受敌，妥当的办法是退保新安，据险而守，伺机再战。秦王李世民比较了两种主张，权衡利弊，决定采用房玄龄、薛收、杜如晦等人的主张，命令屈突通等协助齐王李元吉继续围困洛阳，自己则率精骑3500余人急奔虎牢，以阻挡窦建德的西进。

于是，著名的虎牢之战爆发了。武德四年（621）三月，李世民率军到达虎牢，并亲自侦察敌情。窦建德军无法前进，只能暂时驻扎在板渚，之后又在战斗中屡屡失利，将士都不敢前进了。窦建德不听部下劝告，一心"决战"。到了五月一日，李世民率部分军队向北渡过黄河，在黄河之北牧马，留下千余匹，伪装粮草已尽，以迷惑窦建德，而本人则于当晚返回虎牢。第二天早晨，窦建德果然以全军出击，军队连绵20里，鼓行而进，声势显赫。

李世民登高观望敌阵，说："敌人身涉险境却很杂乱无章，既没有纪律，又轻视我们。我们如果按兵不动，他们的士气必然会衰竭，时间一长也会因供给不及时而兵饥马渴，就自然会自动撤退，到时候我们再去追击，一定能取胜。"窦建德轻视唐军，派300骑兵涉过汜水，在距唐营1里的地方停止前进，还派人通报李世民说："请挑选几百名精兵和我们打着玩儿玩儿。"

李世民先挑起小规模战斗，双方不分胜负，各自返回营地。到了中午，窦建德的士兵果然又饥饿又疲惫，都不管不顾地席地而坐，互争饮水，斗志全无。李世民看准时机，果断下令进攻。李世民率领轻骑先出发，大军跟随在后，如猛虎一般冲向敌阵。唐军的突然降临，令窦建德军措手不及，双方激战不已，战场上尘土飞扬。最终，窦建德军被迅速击溃，他本人也中枪受伤，无奈退兵至牛口渚，最终被俘。

窦建德像

听闻虎牢之战的消息，王世充惊惶不已，准备突围，南走咸阳，但是由于诸将领一致反对，只得投降。历时2个月的第三战役后阶段至此结束，唐初统一战争取得了决定性的胜利。

4. 平定刘黑闼

平定刘黑闼之战，是李世民在唐初统一战争中指挥的最后一战。窦建德失败后，唐王朝未能有效地控制河北地区。唐朝的官吏实施严厉惩处的办法，激起了当地民众新的不满与抵抗。窦建德原来的部将范愿、高雅贤等人趁机反叛，于武德四年（621）七月在漳南（古县名，治所今山东省武城县西北漳南镇）拥戴刘黑闼起兵反唐，势如破竹，不到半年就夺回了窦建德原来的统治地区。

武德四年（621）十二月，秦王李世民和齐王李元吉再次披甲上

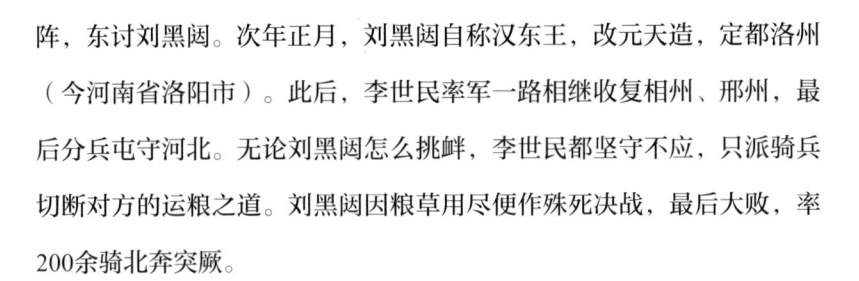

阵，东讨刘黑闼。次年正月，刘黑闼自称汉东王，改元天造，定都洺州（今河南省洛阳市）。此后，李世民率军一路相继收复相州、邢州，最后分兵屯守河北。无论刘黑闼怎么挑衅，李世民都坚守不应，只派骑兵切断对方的运粮之道。刘黑闼因粮草用尽便作殊死决战，最后大败，率200余骑北奔突厥。

李世民虽然在军事上镇压了刘黑闼的第一次起兵，但没有从政治上解决河北的社会问题。武德五年（622）六月，刘黑闼再次起兵，又是迅猛异常，仅用了4个月便收复了故地。十月，齐王李元吉前往讨伐，行军总管李道玄为刘黑闼所杀。十一月，皇太子李建成亲征，根据魏征的建议，实行安抚政策，争取人心，安定社会，刘黑闼部众终于溃散。武德六年（623）正月，刘黑闼被杀。

（四）先收人物，致之幕府

在追随李世民南征北战的过程中，房玄龄等人组成的秦王幕僚团队，无论是在战争准备还是在战争策略上，都起到了至关重要的作用。经过了一系列的征战，秦王李世民的威望越来越高。随着战功的累积，秦王集团的政治视野也越来越宽阔。相传，在平定王世充的时候，李世民和房玄龄曾一起拜访一位叫王远知的道士。王远知预言，李世民能做得了太平天子。

房玄龄确实不负秦王李世民的厚望，不仅在秦府中出谋划策，更重要的是每平定一处地方，众人竞相寻求奇珍异宝，而房玄龄考虑的唯独是如何为秦王收揽人才。

在房玄龄的有意结交下，许多有才能的谋臣猛将投奔了秦王府，李世民因此收罗了一批文武之才，结成了一派很大的势力。与房玄龄齐名的杜如晦，就是因为房玄龄的尽力保举而留在李世民身边的。杜如晦与房玄龄在隋朝时的交往就比较密切，他们互相欣赏，曾结伴游历，一起结伴访王珪于秦岭深处。

杜如晦，字克明，京兆杜陵（今陕西省西安市）人。杜如晦从小爱好经史，聪颖过人，隋大业年间参加了官吏的选拔。这一次，仍是吏部侍郎高构看重杜如晦的机变之才，对杜如晦说道："你有应变才能，一定能成为国家的栋梁，一定要保持自己的德行啊。"不得不说，高构的识人之能高出常人，他看好的房玄龄和杜如晦，后来果然都成了历史长河中为国为民做出重大贡献的人物。

杜如晦像

李世民攻下长安，杜如晦担任了秦王府的兵曹参军（训练士兵的军事参谋）。太子李建成见秦王府的人才众多，起了疑心，害怕秦王的势力日益隆重会威胁自己的地位，于是向李渊建议将秦王府的官员调走，到外地任职。命令下达之后，秦王府中被调走的人非常多，李世民为此非常担忧。这时候，杜如晦也要被调走了。房玄龄非常着急，他对李世民说："府中被调走的人很多，但是我也没有什么好可惜的，只有杜如晦聪慧过人，能洞察事理，有经营天下之才。您如果将来想要平定天下的话，没有人才可用是不行的，这个人能帮您的大忙。"李世民听到房玄龄的话后，十分震惊，对房玄龄说道："你要是不说，我差点让这样的人才流失啊。"于是李世民向李渊上奏，请求将杜如晦继续留在秦王府为官。房玄

房玄龄

薛收像

龄对杜如晦的才能非常了解,于是倾力向李世民保荐,杜如晦这才为李世民所看重,才有后来的"房谋杜断"之誉,成为千古佳话!

房玄龄为李世民所收的另一重要人物是薛收。薛收,字伯褒,来自著名的河东(今山西省西南部)薛氏家族。其父薛道衡乃隋代文宗,才华横溢,名闻天下。薛收继承家学,孝顺父母,刻苦治学,与其族兄薛德音、侄子薛元敬被称为"河东三凤"。薛道衡与房彦谦相交莫逆,所以房玄龄与薛收相交甚笃。天下大乱,各择良主,居于河东的薛氏家族更能理解李氏父子的政治财产有多么雄厚。李氏父子在晋阳起兵时,薛收投奔李渊。到长安后,他拜访了好友房玄龄,房玄龄立即将其引荐给李世民。李世民大喜,要知道,河东薛氏天下闻名,得到这样的人才,对于壮大秦王府的声威是十分有用的。两人一见,果不其然,无论李世民提出怎样的时政问题,薛收都应对自如,纵横捭阖,无不符合李世民的心意。于是,李世民马上授予他秦府主簿一职,同时兼陕东道大行台金部郎中。

河东薛氏本是以武功起家,后世则文武兼修。薛收家学渊源,文武兼修,与房玄龄一样既擅文韬,亦长武略,绝非普通刀笔吏可比。此后李世民在南征北伐中所发布的有关军事、民政的檄文布告,大多出自薛收的手笔。薛收为文敏速,成竹在胸,对于任何布告都能马上写来,而不需改动。在李世民对王世充、窦建德的战争中,面对窦建德来救援的危急形势,正是薛收力排众议,建议李世民一鼓作气,消灭敌军。李世民采纳了薛收的建议，终于擒获窦建德，平定洛阳。

　　资料表明，李世民打下北方半壁江山所依赖的文武力量，正是房玄龄为其组建的核心智囊团队和心腹武将力量。武德五年（622）之前，李世民智囊团队的核心人物杜如晦、薛收等，都是房玄龄所推荐的。另外，房玄龄还结交了许多的猛将勇士，如李勣、秦琼、程知节、张亮、房仁裕等人，还有一众瓦岗群豪，其中有不少出自青州、齐州。青齐之地，正是房氏数百年经营之地。比如张亮，他本是李勣的部下，当时李勣欲归顺李世民，他极力赞成并紧紧追随。房玄龄和李勣见他为人潇洒且智谋过人，便将他引荐给李世民，于是他被任命为秦王府车骑将军，随后更是一心追随李世民打天下；比如房仁裕，不仅是一名能征善战的骁将，也是房玄龄的族叔。

　　唐军攻破洛阳后，房玄龄为李世民笼络了李玄道。李玄道本是陇西人，居于郑州，世代为山东冠族，是著名的文学家，在当时具有强大的影响力。陇西李氏与清河房氏数为婚姻，房玄龄之叔祖房子旷（即房仁裕之父），就娶了陇西李氏为妻，这样算起来，房玄龄也就是李玄道的亲戚。当时，作为山东地域势力的代表，拥有无比声望的"五门七姓"高门士族必然是唐政权拉拢的对象。"五门七姓"，即李世民继帝位后定氏族事件中所说的山东崔、卢、郑、李、王五姓，陇西李氏、赵郡李氏即其中的李姓。而李玄道正是陇西李氏的代表人物，房玄龄当然要把他拉入李世民的阵营。于是，李世民听从了房玄龄的举荐，任命李玄道为秦王府主簿、文学馆学士。

　　房玄龄为李世民接纳的人物还有杜如晦的叔父杜淹，目的是防止他投向李建成阵营。因此，接纳人才是房玄龄在李世民平定天下时期所立

房玄龄

[宋]刘松年
《十八学士图》
（局部）

下的最大功劳。

正是在房玄龄的极力推荐和拉拢下，李世民周围聚集起一批著名的智囊人物。李世民设立了文学馆，以收罗四方文士，著名的秦王府十八学士由此形成，在历史上大显光彩。十八学士包括：杜如晦、房玄龄、于志宁、苏世长、薛收、褚亮、姚思廉、陆德明、孔颖达、李玄道、李守素、虞世南、蔡允恭、颜相时、许敬宗、薛元敬、盖文达、苏勖。文学馆实际上是李世民政治上的顾问决策机构。人才兴，则国运兴。在李世民征战沙场、策划玄武门事变及创建贞观之治的伟业中，他们都做出了杰出的贡献。

在跟随李世民削平群雄的战争中，房玄龄不仅收纳人才，还注意搜集各地民情、图籍文书。李世民攻下洛阳后，房玄龄当即想到要把隋王朝留下的图籍保存起来，以备将来治国之用。随着形势的发展，身为

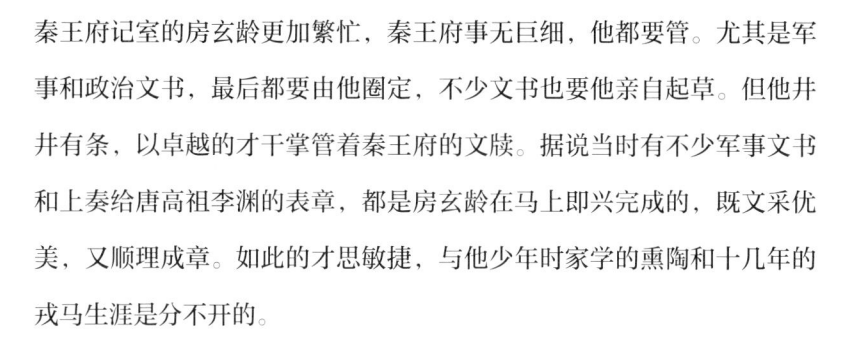

秦王府记室的房玄龄更加繁忙，秦王府事无巨细，他都要管。尤其是军事和政治文书，最后都要由他圈定，不少文书也要他亲自起草。但他井井有条，以卓越的才干掌管着秦王府的文牍。据说当时有不少军事文书和上奏给唐高祖李渊的表章，都是房玄龄在马上即兴完成的，既文采优美，又顺理成章。如此的才思敏捷，与他少年时家学的熏陶和十几年的戎马生涯是分不开的。

对于房玄龄的杰出才华，唐高祖李渊亦是赞不绝口。他对侍臣说道："这个人头脑清楚，对时势了解透彻，足能委以重任。每当他替世民陈说事务，一定是言简意赅并打动人心的，即使是千里之外，也好像是面对面说话一样。"可以这么说，好的奏章是君臣之间相互了解的重要媒介。无疑，房玄龄是这一方面的佼佼者，他以自己出众的才华，为李世民的政治之路扫清了不少障碍。

第三章

玄武谋划定社稷

随着唐初统一战争的节节胜利,以李渊为首的统治集团内部矛盾日益加剧,终于导致了玄武门之变。此次事变是唐太宗政治生涯的转折点,此后,他取得了皇位的继承权,铺平了登上皇帝宝座的道路。房玄龄在玄武门事变的谋划中起了至关重要的作用。

第一节 东宫和秦府对垒的严峻形势

以李世民为首的秦府和以李建成为首的东宫之间的明争暗斗,构成了武德后期政治舞台上的主要矛盾。双方采取种种手段,打击对方、壮大自己,其影响波及后宫、外廷和地方等3个方面,呈现了错综复杂的形势。

(一)皇位之争的由来和恶化

唐王朝建立以后,最高统治集团内部争权夺利的斗争日益激烈起来,主要表现为皇位之争。李渊建唐后,将长子李建成册立为太子,三子李元吉也站在太子李建成一边;因次子李世民战功显赫,李渊也给予其特殊礼遇,加号"天策上将",位在一切王公之上,李世民的"天策府"可以自署官吏,实际上已形成一个独立王国。双方势力的同时增大,必然会引起政治上的斗争。李建成对李世民的功劳、威望及实力产生了极大疑虑;而李世民不断发展壮大自己的势力,也加速了这种斗争的激化。事情终于发展到不可调和、剑拔弩张的地步:有一天,李世民从李建成处宴饮而归,竟发现自己食物中毒,心中暴痛,吐血数升。这引起了秦王府的极大惊慌,大家都预感到直接冲突已是不可避免。

（二）寻求支持，壮大实力

李建成和李世民，除在大臣中各自寻找支持者外，还千方百计地打击或者收买对方的官属。例如，武德七年（624），李建成企图翦除秦府猛将程知节，暗中通过李渊把他调为康州刺史。武德九年（626），李建成用金银器帛等收买秦府将领尉迟敬德、段志玄、李安远等，但都遭到了严词拒绝。此计不成，又生一计，李建成便在李渊面前挑拨、揭发，让李渊把房玄龄、杜如晦逐出秦王府。同样，李世民也积极地在东宫官署中进行策反工作，先后把李建成手下的将领常何、太子率更丞王晊等拉拢了过来。

一边是全力攻击，一边是见招拆招，双方的斗争步伐都加快了。不久，突厥入侵边境，太子府经过一番密谋，决定利用这次机会除掉李世民。得知消息的李世民在众人的提议下，决定先下手为强。

面对皇位继承方面的矛盾，李渊也无力掌控大局。当时的太子和秦王可谓势均力敌。历史上的李建成与李世民，无论是晋阳起兵，还是在平定各地的战争中，都表现出了卓越的政治能力和军事能力。李建成手下有魏征、王珪等一众人才，这些人后来都成了贞观年间的名臣。李建成还率军多次打退突厥的入侵，擒斩与突厥勾结的刘黑闼，平定了山东，可谓功勋卓著。成为太子之后，李建成辅佐父亲李渊处理政事，培养了优秀的处理政务能力，再加上齐王李元吉的支持，更让其在与秦王的政治斗争中增加了政治筹码。

第二节　玄武门之变

东宫与秦王府之间长期激烈的对垒，最后导致了玄武门之变。李渊所不希望看到的骨肉相残的场面，终于演变成了血淋淋的事实。

（一）处于劣势的密谋

武德五年（622）以前，因李世民的军功卓著，秦王府远比东宫和齐王府有优势。但是，在之后的3年多时间里，李世民既无新的战功，又屡遭兄弟的倾轧，秦王府就逐渐处于劣势了。就军事实力而言，东宫加上齐王府要比秦王府强大。李建成与李元吉私募骁勇，多达数千人，而李世民只有800余人。从政治影响来看，李建成是太子，每当李渊外出时，总是由他留守京师主持大局，妃嫔、大臣以及各地都督依附于东宫的也相对多些。李建成曾扬言，秦王在京师，不过是"一匹夫耳"。此话难免有些自我吹嘘，但是李世民在京师处于不利的地位，也是不争的事实。

长孙无忌像

在上述情况下，李世民及其僚属都深怀忧惧。怎么办？面对着如此剑拔弩张的态势，房玄龄找到了长孙无忌等人，一起商议对策。房玄龄说："现在秦王和太子之间的嫌隙与裂痕已经生成，一旦对方暗生祸患，不光是秦王

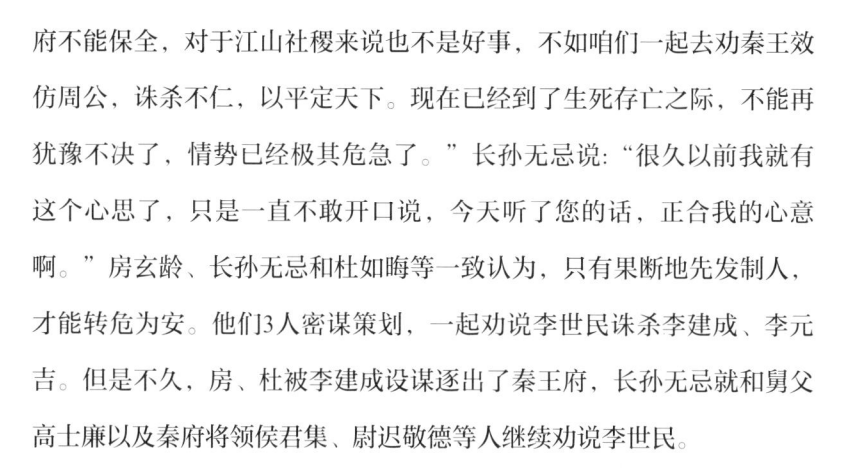

府不能保全,对于江山社稷来说也不是好事,不如咱们一起去劝秦王效仿周公,诛杀不仁,以平定天下。现在已经到了生死存亡之际,不能再犹豫不决了,情势已经极其危急了。"长孙无忌说:"很久以前我就有这个心思了,只是一直不敢开口说,今天听了您的话,正合我的心意啊。"房玄龄、长孙无忌和杜如晦等一致认为,只有果断地先发制人,才能转危为安。他们3人密谋策划,一起劝说李世民诛杀李建成、李元吉。但是不久,房、杜被李建成设谋逐出了秦王府,长孙无忌就和舅父高士廉以及秦府将领侯君集、尉迟敬德等人继续劝说李世民。

房玄龄在此之前曾提出,秦王功盖天地,当继承唐的大业。有个道士名叫薛颐,也预言李世民当得天下。正是在这种强烈的夺嫡图谋的驱使下,李世民及其府僚发动了玄武门之变。

一天,李世民召集长孙无忌、高士廉、尉迟敬德、侯君集、张公谨等人,向他们提出了一个严重的问题:"贴危之兆,其迹已见,将若之何?"意思是现在人为刀俎,我为鱼肉,该怎么办呢?大家一致认为,形势危急,祸在朝夕,唯一的出路是提前动手。尉迟敬德鼓动说:"王今处事有疑,非智;临难不决,非勇。"李世民又秘密召回重要幕僚房玄龄和杜如晦,共计事宜。可见,李世民对于发动政变是既谨慎又坚决,所以更要深思熟虑。细查密谋的全过程,秦王李世民是主持者,房玄龄等是谋划者。

(二)玄武门之变

经过周密策划,秦王李世民决定在京城玄武门伏杀太子李建成和齐王李元吉。

玄武门即宫城北门,地理位置非常重要,是中央禁卫部队屯守之

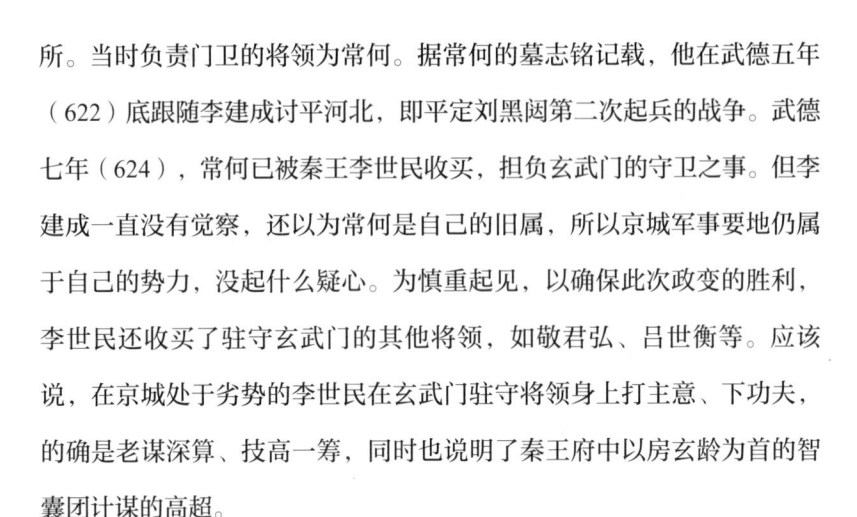

所。当时负责门卫的将领为常何。据常何的墓志铭记载，他在武德五年（622）底跟随李建成讨平河北，即平定刘黑闼第二次起兵的战争。武德七年（624），常何已被秦王李世民收买，担负玄武门的守卫之事。但李建成一直没有觉察，还以为常何是自己的旧属，所以京城军事要地仍属于自己的势力，没起什么疑心。为慎重起见，以确保此次政变的胜利，李世民还收买了驻守玄武门的其他将领，如敬君弘、吕世衡等。应该说，在京城处于劣势的李世民在玄武门驻守将领身上打主意、下功夫，的确是老谋深算、技高一筹，同时也说明了秦王府中以房玄龄为首的智囊团计谋的高超。

武德九年（626）六月三日，当完成了政变的部署之后，李世民向父亲李渊密奏李建成和李元吉"淫乱"后宫，并且剖白自己说："我从来不敢辜负自己的兄弟，他们现在想要杀我，难道是因为我平定了王世充、窦建德一事吗？如果我枉死，永远地离开了您，即使到了地下，我也耻于见他们。"为什么这么说呢？李世民是想说自己只是因为平叛之功而被猜忌，如此，就可以把相互残杀的责任全部推到李建成与李元吉的身上了。李渊一听，十分惊讶，决定第二天把3个儿子全部召来问个明白。

六月四日，李渊召集裴寂、萧瑀、陈叔达等人。在3个儿子到来之前，李渊还一直和大臣们在太极宫中泛舟游玩，并没有预料到事态的严重性，他以为这回跟以往兄弟之间的争吵差不多。然而，他们不知

陕西省礼泉县昭陵陵区侯君集刻像

道的是，李世民已经通过常何的关系，率领长孙无忌、尉迟敬德、侯君集、张公谨、刘师立、公孙武达、独孤彦云、杜君绰、郑仁泰、李孟尝等人伏兵于玄武门了。

这个消息无意中被后宫的张婕妤探知了，她立刻向太子李建成报告。于是，李建成马上找来李元吉商量。李元吉也嗅到了危险的气息，他提出："最好是约束住咱们自己的士兵，然后您就声称自己生了病，不能入宫见父皇，再观望事态的发展情况。"没想到李建成却在这决定成败的生死关头大意了，他说："我已经安排好了，各方面的防守都很严密，咱们一起进宫去询问消息吧。"看来，李建成早已对京城的军事力量私自做了充分准备，而且认为由旧属常何把守玄武门不会出现什么问题，所以没有采取必要的应急措施，就信心满满地和李元吉一道进宫了。当一行人到了临湖殿时，发现形势有点反常，正想打道回府，李世民猛然出现，打了他们个措手不及，李建成被一箭射死。尉迟敬德又带领70骑奔驰而来，射杀了李元吉。

之后，东宫与齐王府的2000多人结阵猛攻玄武门，张公谨紧闭大门，将对方拒之门外。原本屯守玄武门的一些将士采取观望的态度，认为事情发展的结果尚不可知，但是玄武门屯营将领敬君弘早已被李世民所收买，他奋不顾身，英勇作战，献出了宝贵的生命。正当战斗激烈进行的时候，李世民的妻子长孙氏也站出来勉励将士奋勇直前。同时，长孙氏的舅舅高士廉

陕西省礼泉县昭陵陵区张公谨刻像

也率众赶来，与李世民合力进击。总之，在秦王府僚属的全力抗击下，玄武门始终掌握在李世民手里。这是他们取得胜利的一个重要因素。

接着，东宫、齐王府的军队又开始进攻秦王府，一时之间，秦王府危急。就兵力而言，李世民与秦王府的将领大多集中在玄武门，秦王府中虽有房玄龄、杜如晦等人守着，但毕竟力量单薄，万一失守，就会功亏一篑。所以，大家惊恐不已。这时，尉迟敬德出了个好主意，他将李建成和李元吉的首级展现在东宫、齐王府将士面前。那些将士看到太子和齐王已经被斩杀，便没了斗志，纷纷溃散。

随后，尉迟敬德身披铠甲，以"保护"的名义，将事情上奏李渊。事已至此，李渊只得写下了手谕，命令所有的军队一律听秦王的处置，同时派黄门侍郎裴矩到东宫晓谕诸将卒，政变最终平息下来了。3天后，李世民被立为太子，自此，凡军国事务，皆由李世民处理。2个月后，李渊退位，李世民登基为帝。

（三）如何看待玄武门之变

政变前夕，房玄龄就把策划诛杀说成是"遵周公之事，外宁区夏，内安宗社，申孝养之礼"，意思是在玄武门伏击太子等人，是为了安定天下，是符合礼法的。事隔十几年，唐太宗读国史，见史书对于当日之事多有隐讳，便对房玄龄说："遥想当年，周公诛杀管蔡，使周王朝得到了安定，我的做法与周公是一样的，目的也是安定江山社稷，有利于百姓生活。你们修史书的时候，何必隐讳呢？应该直书其事才对。"他无非想证明伏杀兄弟是正义的事情，而不是出于争权夺利。玄武门之变，在唐朝历史上具有划时代的意义，成就了一代明君唐太宗。

李世民被立为太子后，就以宇文士及为太子詹事，长孙无忌、杜如晦为左庶子，高士廉、房玄龄为右庶子，尉迟敬德为左卫率，程知节为右卫率，虞世南为中舍人，褚亮为舍人，姚思廉为洗马。这样，就组成了以太子李世民为首的决策机构。除宇文士及外，长孙无忌和高士廉是亲戚，其他都是秦王府武将或者学士，而且大多为玄武门之变的胜利做出过重要贡献。

虞世南像

（四）策划实施玄武门之变有功，房玄龄功为一等

李世民即位后，为了表彰在政变中做出贡献的文臣武将，依据贡献大小，评定奖励等级。但在评定勋臣时，却发生了这样一件事情。

一天，太宗与群臣当面议定长孙无忌、房玄龄等人的爵位与田邑，命陈叔达在宫殿下唱名公布。李世民说："对于你们的功劳赏赐，我的评定不一定妥当，你们可以各自申明。"于是，将领们纷纷争功，议论不休。

李世民的堂叔淮安王李寿说："我在关西起兵，首先响应义旗，而房玄龄、杜如晦等人不过代人作文，现在论功却在我之上，我感到有些不服。"秦王府的旧僚属没有升官的，也都抱怨说："我们在陛下身边做事也有好多年了，现在授官，反而排在前太子东宫、齐王府人员的后面。"

太宗说："帝王大公无私，所以能使天下人心服。我与你们平日的

房玄龄

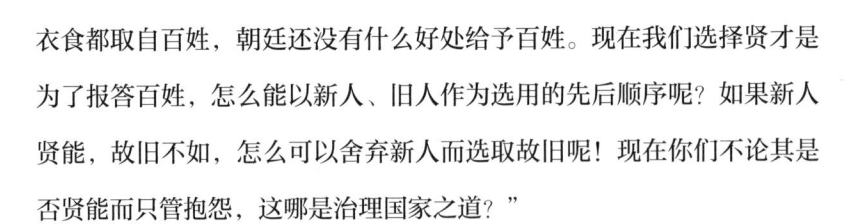

衣食都取自百姓，朝廷还没有什么好处给予百姓。现在我们选择贤才是为了报答百姓，怎么能以新人、旧人作为选用的先后顺序呢？如果新人贤能，故旧不如，怎么可以舍弃新人而选取故旧呢！现在你们不论其是否贤能而只管抱怨，这哪是治理国家之道？"

太宗又对堂叔李寿说："刚起事时，叔父虽然首先举兵响应，那也是自谋摆脱灾祸。到窦建德攻占山东，叔父全军覆没；刘黑闼再次纠结余部，叔父望风败逃。房玄龄等人运筹帷幄、决胜千里，不移居处而江山得安，论功行赏，自然应该在叔父之上。叔父您是皇家至亲，我对您确实无所吝惜，但绝不可把我的恩义与开国功臣混淆起来同等奖赏。"

将领们这才互相说："陛下至诚公道，即使对淮安王也不徇私情，我们这些人怎么能不安本分呢？"于是都心悦诚服。

李世民雄才大略，虚己纳谏，不仅对自己秦王府的人量才使用，而且能重用政敌幕僚如魏征等，使其成为自己的重臣。

房玄龄参与玄武门之变的策划、实施，帮助李世民谋得帝王之位，被李世民称赞有"筹谋帷幄，定社稷之功"。论功行赏，李世民以房玄龄、长孙无忌、杜如晦、尉迟敬德、侯君集5人功为一等。房玄龄因功晋爵为邢国公。

第四章
玄龄为民创盛世

房玄龄

李世民像

武德九年（626）七月，朝廷以高士廉为侍中、宇文士及为中书令、萧瑀为左仆射、封德彝为右仆射、长孙无忌为吏部尚书、杜如晦为兵部尚书，这就为李世民正式登基做了组织上的必要准备。贞观元年（627），封德彝死后，由长孙无忌补为右仆射。贞观二年（628）正月，长孙无忌主动辞职，杜如晦以检校侍中之职兼任吏部尚书，李靖任检校中书令。同年十二月，李世民又把原东宫旧属王珪提拔到相位上来。贞观三年（629）二月，李世民以房玄龄为尚书左仆射、杜如晦为尚书右仆射、李靖为兵部尚书、魏征守秘书监。经过几年的调整，至此，唐太宗完成了最高决策集团的重建工作，房玄龄也开始了鞠躬尽瘁辅佐唐太宗开创"贞观盛世"的壮丽人生画卷。

第一节　整顿吏治，精简官吏

唐承隋制，沿袭了隋朝的三省六部制。三省即尚书省、中书省和门下省。尚书令、中书令与侍中就是宰相，因唐太宗即位前曾任尚书令，故贞观时期尚书令不实授，左、右仆射即为宰相。由于充分发挥了三省决策、封驳和执行的作用，贞观时期的政令措施比较符合实际。

（一）精简机构，合并州县——奠定台阁规模

唐太宗即位之初，首先面临的问题是中央朝廷和地方政府行政机构规模庞大和办事效率低下等。唐高祖李渊在初创唐室、平定天下、统一四方的过程中，出于收揽人心的需要，大封皇族、外戚和功臣。对于新收复的地区，他又新设了许多州县、封官命爵，作为对有功之人的犒赏。到他退位的时候，州县的数目已达隋朝的2倍多。再加上隋末乱离之后，各地士大夫多不愿仕进，唐王朝建立之初，一时官员不足，于是朝廷命令各州县动员人才赴京候选，最多的一次集中了7000余人，造成长安的粮食难以供给，不得不分一批人到洛阳去候选。而州县长官及朝廷派出的使者，又常常以空白文书临时授任官员，导致官僚队伍太过膨胀，国家财力难以承受，面临极大困难。

贞观元年（627），唐太宗李世民与宰相商议，确立了"官在得人，不在员多"的方针，并责成房玄龄裁并机构，精简官员。房玄龄雷厉风行，工作很有成效，精简之后，留任的中央机构文武京官官员仅为643人。

同时，在房玄龄的主持下，朝廷对全国行政区划进行了大规模的调整，裁撤合并了许多州县，设置了关内、河南、河东、河北、山南、陇右、淮南、江南、剑南、岭南10道，分统全国60州。后来，又将州刺史的任命

《四库全书》本《资治通鉴》书影

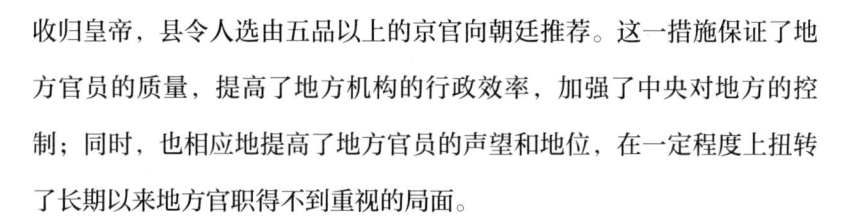

收归皇帝，县令人选由五品以上的京官向朝廷推荐。这一措施保证了地方官员的质量，提高了地方机构的行政效率，加强了中央对地方的控制；同时，也相应地提高了地方官员的声望和地位，在一定程度上扭转了长期以来地方官职得不到重视的局面。

合并州县与精简官员虽是两件事，但性质相同。只有通过机构改革，才能有效减省中央、郡县官员的员额，才能有效防止官员人数的再度膨胀。房玄龄受命精简机构，合并州县，不仅为唐太宗时代节约了政府开销，降低了政府运营成本，也为唐朝制定了基本的制度，为唐朝后来的繁荣发展奠定了良好的基础。所以，房玄龄在贞观元年完成的这些大事，其意义之重大不言而喻。

（二）理顺三省职能，随才授任

贞观三年（629），房、杜二人在李世民的安排下，对尚书省的运作进行了"抓大放小、权分有司"的改革工作，尚书省的日常事务由左、右丞负责处理，而仆射则专心于人才选拔、参与政事决策。于是，房玄龄在唐太宗的主持下做了两件大事：一是理顺三省职能；二是确定"随才授任"的考选标准。

关于理顺三省职能，首先确定尚书仆射的主要职责之一为"广求贤人"，主要是典选出可以独当一面的中书、门下负责人，而不是那些只会写锦绣文章的庸才，这才是唐太宗希望房玄龄所率领的尚书省真正应该做到的；其次，确定尚书省为执行机构，要求他们能"开物成务"，即能创造性地完成上司交给的任务，这样就形成了宋人胡致堂所总结的三省职能的区分——"中书出令，门下审驳，分为两省，而尚书受成，颁之有司"，也就是现在我们所认知的，中书起草诏书，门下审核诏

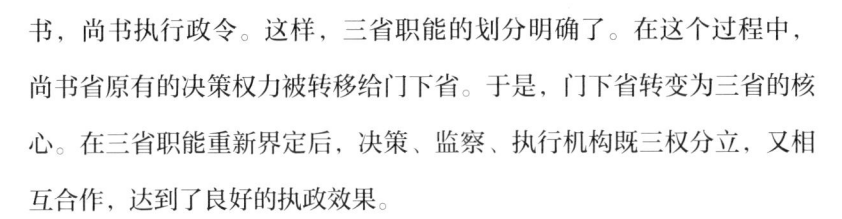

书，尚书执行政令。这样，三省职能的划分明确了。在这个过程中，尚书省原有的决策权力被转移给门下省。于是，门下省转变为三省的核心。在三省职能重新界定后，决策、监察、执行机构既三权分立，又相互合作，达到了良好的执政效果。

尚书省负责"随才授任"工作的职能部门是吏部。唐太宗认为，这是尚书省长官左右仆射的主要工作。比较幸运的是，在唐代官员的考课标准中，"德才兼备"这个原则得到了较好的体现。贞观三年（629）年初，李世民要求房、杜二人从日常细务中摆脱出来，而将主要精力集中于"随才授任"的选人工作。

贞观元年至贞观三年，是"房谋杜断"辉煌的3年，也是贞观之治良好开局的3年，更是奠定大唐官府运行机制的3年。

（三）荐用人才，"随能收叙"

如前所述，在李渊父子攻破长安后，房玄龄把朋友杜如晦引荐过来，李世民任命杜如晦为兵曹参军，地位高于房玄龄。被房玄龄看重和举荐的人才，还有李大亮、司马才章、萧钧等。房玄龄不仅积极推荐和任用人才，而且在荐用人才时采取"随能收叙"原则。

贞观二年（628），太宗向侍臣们明确了他用人的标准："为政之要，惟在得人。用非其才，必难致治。今所任用，必须以德行、学识为本。"贞观三年（629），房玄龄在仆射任上，唐太宗对房玄龄的要求是"广求贤人，随才授任"。对于"广求贤人"，房玄龄本人所坚持的原则是"不以求备取人，不以己长格物，随能收叙"，即不分亲疏，不论身份地位，只要有才能，就能根据其人的才能进行任用。

房玄龄"随能收叙"最典型的例子，应为其自领度支一事。"度支"的原意是量入为出。唐代官制规定,户部的度支司掌管国家的财政收支,郎中和员外郎分掌收入与支出,户部侍郎则负责检查。户部可以说是唐代最高的会计主管部门,但凡国家的种种赋税收支、市场平抑、交通运输、军费开支等,都由户部统筹规划。它系国计民生于一身,地位重要,责任重大,必要有一番精心的预算,才能使国库运转顺利。在当时尚书省下辖的各部里,户部的工作最为烦琐,而度支一职更是一度无人肯担任。贞观十三年(639),房玄龄一时找不到合适的人选任度支一职,他宁肯出缺,也不愿意滥任非人,无奈只好自己兼任,亲自守护大唐国库。

房玄龄自兼度支一职,说明他博学多才,不仅擅长文史,而且对于财务也非常精通。对此,宋元之际的文学家胡三省评论说:"国之大计所关也。玄龄审官求贤,未得其人,故自领之。唐中世以后,宰相多判度支,盖昉于此。"

房玄龄"随能收叙"的另一个例子是李纬改任一事。贞观二十一年(647),唐太宗在行宫任命李纬为户部尚书。当时,房玄龄在长安留守,没有随行。正好这一天有个从京师来的官员拜见太宗,于是太宗询问来人:"宰相房玄龄听说了我任命李纬为户部尚书的事,是怎么说的?"来人说:"宰相没说别的,只是说李纬的胡子比较美。"唐太宗闻弦知音,立即反应过来,知道房玄龄认为李纬不适合担任户部尚书一职,于是马上改授李纬为洛州刺史。房玄龄以巧妙的方式,表达了对李纬的能力不足以担当户部尚书这个职位的看法,可见他识人的本领之高超。

房玄龄有着令人惊叹的办事效率和实干能力,并且他选拔的人才大都是实用型人才,有着极强的执行力,可以高效地实施朝廷的大计方针,令行政效率与行政效果呈现了欣欣向荣的局面。

唐太宗在位期间,朝廷全部官员只有643人。房玄龄做了22年的宰相,以他为骨干的高度精简的行政机构,善于处理各种繁杂的日常行政事务,支撑起朝廷的日常运转。

(四)否定功臣世袭

1.论功封赏的提出

唐太宗即位后,为了纠正武德年间滥封宗室与滥赏功臣的弊病,确立了论功分封与行赏的方针,采取了以下两个措施:一是限制宗室分封,将宗室疏属降爵,主要是因其无军功,充分体现了唐太宗的军功政策;二是对功臣的封赏实行等级化。唐太宗即位初,对在玄武门之变及统一战争中立过功勋的文臣武将进行封赏。武德九年(626)九月,封房玄龄、长孙无忌、尉迟敬德、杜如晦、侯君集为国公。十月,"庚辰,初定功臣实封有差",即按功劳大小划分等第实封,疏远不遗、微贱不漏。按《旧唐书》记载,长孙无忌、王君廓、尉迟敬德、房玄龄、杜如晦等5人食邑实封1300户。

[明]徐仲和《临阎立本画唐太宗纳谏图》(局部)

贞观元年(627)和贞观五年(631),太宗数次提出封建王侯,由于遭到群臣的反对而未能实现。

2.世袭刺史的颁诏及其废止

虽然封国制度没有实现,但是唐

房玄龄

太宗并不死心，他于贞观十一年（637）六月正式颁诏，以荆州都督李元景为首，21个亲王为世袭刺史。诏令指出，"封藩屏以辅王室"的目的是使唐王朝长治久安。为此，必须实施"共治之职""分土之实"，并以"其所任刺史，咸令子子孙孙承袭"。过了不久，他又颁诏赵州刺史长孙无忌、房玄龄等14位功臣为世袭刺史。

贞观十一年（637），唐太宗下令分封诸位功臣为世袭刺史，据《全唐文》卷六记载，诏曰：

> 周武定业，胙茅土于子弟；汉高受命，誓带砺于功臣，岂止重亲贤之地，崇其礼秩，抑亦固磐石之基，寄以藩翰。魏晋已降，事不师古，建侯之制，有乖名实，非所谓作屏王室，永固无穷者也。隋氏之季，四海沸腾，朕运属殷忧，戡翦多难。上凭明灵之祐，下赖英贤之辅，廓清宇县，嗣膺宝历，岂予一人，独能致此！时讫既共资其力，世安而专享其利，乃睠于斯，甚所不取。但今之刺史，即古之诸侯，虽立名不同，而监统一也。故申命有司，斟酌前代，宜条委共理之寄，象贤存世及之典。司空齐国公无忌……策名运始，功参缔构，义贯休戚，效彰夷险，嘉庸懿绩，简于朕心，宜委以藩镇，改赐土宇。无忌可赵州刺史，改封赵国公；尚书左仆射魏国公元龄可宋州刺史，改封梁国公；故司空蔡国公杜如晦可赠密州刺史，改封莱国公；特进代国公靖可濮州刺史，改封魏国公；特进吏部尚书许国公士廉可申州刺史，改封申国公；兵部尚书潞国公侯君集可陈州刺史，改封陈国公；刑部尚书任城郡王道宗可鄂州刺史，改封江夏郡王；晋州刺史赵郡王孝恭可观州刺史，改封河间郡

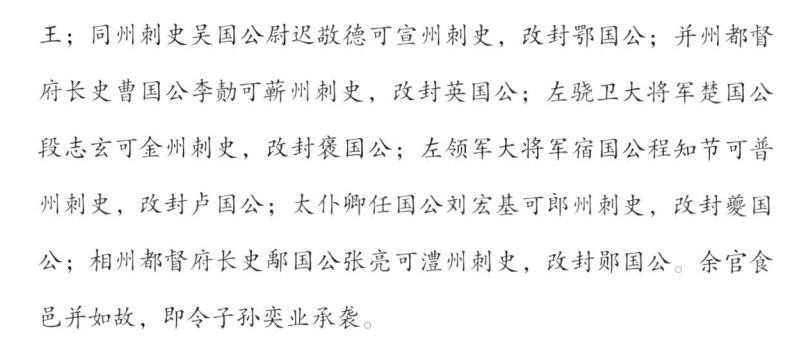

王；同州刺史吴国公尉迟敬德可宣州刺史，改封鄂国公；并州都督府长史曹国公李勣可蕲州刺史，改封英国公；左骁卫大将军楚国公段志玄可金州刺史，改封褒国公；左领军大将军宿国公程知节可普州刺史，改封卢国公；太仆卿任国公刘宏基可郎州刺史，改封夔国公；相州都督府长史郧国公张亮可澧州刺史，改封郧国公。余官食邑并如故，即令子孙奕业承袭。

唐太宗模拟周汉封国土、建诸侯的措施，颁下亲王、功臣世袭刺史的诏敕。但由于功臣后代存在贤惠不一、孩童嗣职等情况，往往会导致严重后果，所以遭到监察御史马周和太子左庶子于志宁的有力反对，唐太宗只得暂缓实行，但是并未下诏停封世袭刺史。真正使唐太宗下决心停罢的原因是受封功臣普遍反对。当世封功臣的诏敕颁下后，侯君集转授陈州刺史，其他功臣也有改变原先虚设或实任的封地的，致使群臣不愿受封。房玄龄从国家的统一、社会的安定大局考虑，对世袭刺史策略持明确的反对态度，于是他和资深功臣长孙无忌联名上表，反对世袭刺史，并于贞观十三年（639）二月向唐太宗递交了表文：

臣等闻质文迭变，皇王之迹有殊；今古相沿，致理之方乃革。缅惟三代，习俗靡常，爰制五等，随时作教。盖由力不能制，因而利之，礼乐节文，多非己出。逮于两汉，用矫前违，置守颁条，蠲除曩弊。为无益之文，覃及万方；建不易之理，有逾千载。今曲为臣等，复此奄荒，欲其优隆，锡之茅社，施于子孙，永贻长世。斯乃大钧播物，毫发并施其生；小人逾分，后世必婴其祸。何者？违时易务，曲树私恩，谋及庶僚，义非佥允。方招史册之诮，有紊圣代之纲。此其不可一也。又臣等智效军施,器识庸陋。或情缘右戚,遂陟台阶;或顾想披荆,便蒙夜拜。直当今日,犹愧非才,重裂山河,愈彰滥赏。此其不可二也。又且孩童嗣职,义乖师俭之方,任以褰帷,宁无伤锦之弊。上干天宪,彝典既有常科,下扰生民,必致余殃于后,一挂刑网,自取诛夷。陛下深仁,务延其世,翻令剿绝,诚有可哀。此其不可三也。当今圣历钦明,求贤分政,古称良守,寄在共理。此道之行,为日滋久,因缘臣等,或有改张。封植儿曹,失于求瘼,百姓不幸,将焉用之。此其不可四也。在兹一举,为损实多,晓夕深思,忧贯心髓。所以披丹上诉,指事明心,不敢浮辞,同于矫饰。伏愿天泽,谅其愚款,特停涣汗之旨,赐其性命之恩。

唐太宗虽然很无奈,但也明白房玄龄等人的主张确有合理之处。诚然,功臣世袭制度是具有很大的弊端,容易造成君轻臣重、干弱枝强的缺陷,将导致朝政紊乱、纪纲不修、百姓不幸。由于房玄龄、长孙无忌、马周、于志宁等众多大臣的反对,唐太宗于贞观十三年(639)二月诏停世封刺史。从诏颁世封刺史到诏停世封刺史,说明唐太宗实行世封的决心化为乌有了。这在唐朝吏治乃至中国封建吏治史上,不能不说是一个巨大的进步。

第二节 建章立制，修订法令

(一)《贞观律》制定的背景、内容及意义

1.确立宽仁慎刑的立法原则

经过隋末农民大起义的疾风暴雨，唐初统治者拨乱反正，吸取了隋亡的教训，多次进行律令修订，以调整阶级关系，巩固封建统治。李渊晋阳起兵时，为了争取群众支持，即颁布宽简易知的律令，武德七年（624）又正式颁行新律令，即《武德律》。

唐太宗即位后，力图完善《武德律》，指示群臣讨论致治与立法的原则。当时，出现了宽严两种截然不同的主张，其中主张以威刑严法作为立法之本的是封德彝，而主张以慎刑宽法作为制法依据的则是魏征、房玄龄等。这场争论的实质，涉及唐初立国政策与立法原则的分歧。

经过论辩，唐太宗采纳了魏征、房玄龄等人的建议，以"王政"来代替隋末暴政，进一步发展了李渊的宽仁思想，反映在立法思想上的变化就是"仁本、刑末"，即宽仁立法。用魏征的话来说，"仁义，理之本也；刑罚，理之末也"，应该专心地崇尚仁义，谨慎地利用法典。

魏征像

唐初这种宽仁慎刑思想的产生，绝不是偶然的。唐初统治者亲身经历了隋末暴政所造成的"百姓怨嗟，天

下大溃"的局面，一方面对农民战争深深戒惧，另一方面则认真总结隋亡的经验教训，因而提出了"宽仁"的主张。隋朝的灭亡源于对人民的残酷压迫和剥削，陡然激化了阶级矛盾，导致农民起义。唐太宗与房玄龄等大臣在讨论的过程中，也以秦二世酷法亡国为戒，因为秦二世之亡与隋炀帝之亡的原因十分相似。唐太宗君臣关于酷法亡国的立论，反映了他们对秦二世、隋炀帝而亡的惊惧心理，从而促使他们更加严谨地采取治国策略，更加慎重地制定刑律。

2.《贞观律》的修订

确立了慎刑的指导思想后，房玄龄就着手进行律令的修订。贞观元年（627）正月，唐太宗任命房玄龄、长孙无忌和一批律法专家，本着"意在宽平"的精神厘改法律。此后，依据唐太宗提出的"宽简""平允""画一"的三大修法原则，在房玄龄的主持下，修律人员在《武德律》的基础上，展开了长达10年的修法工作。

贞观十一年（637），《贞观律》颁行天下，共12篇，500条。《贞观律》对《武德律》的改动包括：第一，废除斩趾酷刑，增设加役流；第二，大大减少了旧律中重刑条款的数量；第三，缩小了族刑、连坐的范围；第四，确立了五刑、十恶、八议、请、减、赎、当、免及化外人有犯、类推、死刑复奏等基本原则和制度。

这是一部充分显示道德关怀的法律。首先，相对于以往的法律来说，《贞观律》将严刑苛法削减了三分之一还多。比起隋王朝的法律，死刑减少了92条，流刑改徒刑71条，把重刑改轻刑的条文则不计其数。在修订的过程，唐太宗与大臣们还进行过一次废除死刑的议论。当时，唐太宗提出，能不能废除死刑？有官员提出，可以割断犯人的手指头、

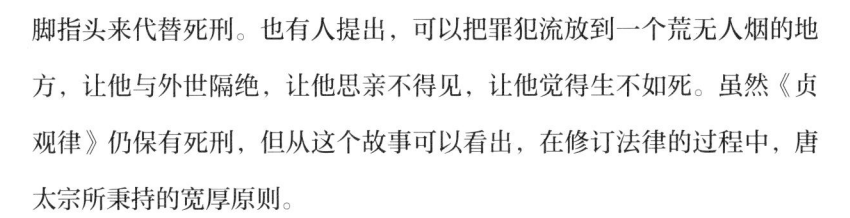

脚指头来代替死刑。也有人提出，可以把罪犯流放到一个荒无人烟的地方，让他与外世隔绝，让他思亲不得见，让他觉得生不如死。虽然《贞观律》仍保有死刑，但从这个故事可以看出，在修订法律的过程中，唐太宗所秉持的宽厚原则。

同时，在《贞观律》的修订过程中，也注意引导良好社会风气的形成。在古代，讲究"父为子隐，子为父隐"，亲人之间如果相互随意检举，必然会破坏亲情，影响家庭关系，进而影响社会风气。有人问，如果有人谋反，难道亲人也可以不告发吗？唐太宗说，即使有人谋反，我们也不应该主张亲人之间互相告发，而应由别人去检举。立法上必须这么规定，才能造就和谐的亲情关系。由此，房玄龄提出，旧法规定：兄弟分家各居时，有人受封，另外的兄弟不相及；而有人谋反，则另外的兄弟皆连坐死。孙子可以因袭祖父的官爵；而祖父犯罪，孙子则被流放。这些都不符合情理。因此，无论是依据礼法还是依据人情来看，兄弟连坐的法令应该修改，将死刑改为苦役。唐太宗对于房玄龄的提议深以为然，欣然批准。

《贞观律》的颁定，使天下称赞。此前法律上的烦琐和弊端被一一删除或改订，人民得到实惠。好的法律是国家长治久安的基础，《贞观律》就是这样一部好法律。可以这么说，它为贞观年间社会稳定发展、百姓休养生息、国力持续强盛，打下了良好的基础。

不仅如此，《贞观律》也是一部承上启下、影响深远的法律。《贞观律》以隋《开皇律》作为蓝本，又是《武德律》的进一步完善，并成为五代、宋、元、明、清制定律典的依据。唐高宗永徽二年（651），长孙无忌领衔，又在《贞观律》的基础上修订出《唐律疏议》。《贞观

《唐律疏议》书影

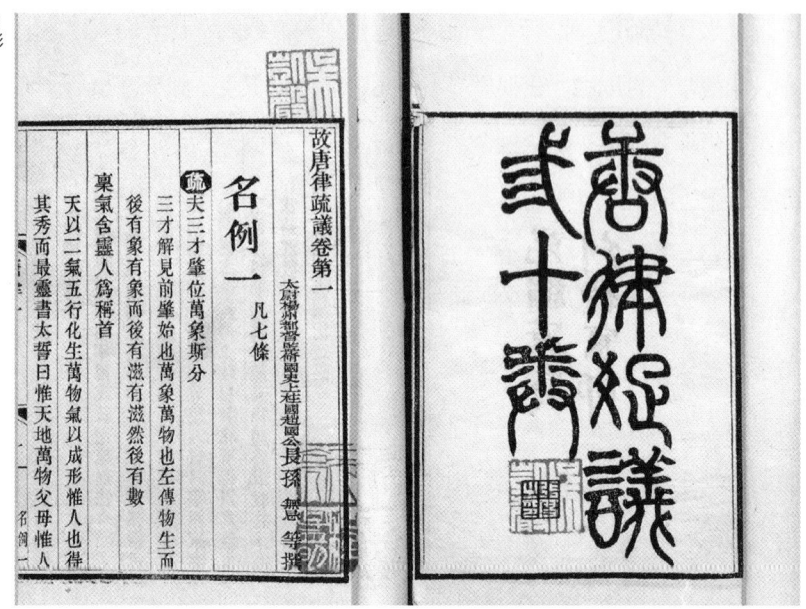

律》与《唐律疏议》的颁行，是我国封建法制史的大事，为我国封建刑法的规范化奠定了基础。

唐太宗还指示房玄龄修订了一系列的法令，有令、格、式3种类型，同律相辅而行，在更广泛的范围内规范社会生活。可惜，当时制定的令、格、式多数已散佚。近代虽在敦煌石室发现《水部式》与《唐职官令》，但都残破不全。《唐律疏议》中也保存了一部分令、格、式条文。因此可以说，《贞观律》及《唐律疏议》是综合性的大法。

3.《贞观律》的特点

《贞观律》是在唐太宗亲自参与下、由房玄龄等大臣主持制定的，是一份宝贵的法学遗产，在中国法学史上具有重要意义。就其立法准则来说，具有以往少见的完善性能。以下3点，尤其值得我们注意。

首先，注重划一性。

唐太宗曾面对群臣，赞扬制法"划一"的萧何，将萧何作为群臣效法的榜样。魏征则强调法律是"国之权衡也，时之准绳也"，指出了立法划一的必要性。法令若不划一，律文互出，容易造成司法漏洞。法吏在执法时，想要为一个人脱罪就引用轻罪法条，想要治一个人的罪就引用重罪法条，这样就会造成营私舞弊，引起司法不公正。因此，立法的划一性是保证量刑准确性的前提，可以避免畸轻畸重的断案，利于采取罪行法定形式。据此，唐太宗告诫立法者，一定要制定好细则，千万不要出现矛盾的条文；要求执法人员在判案时，一定要以律令为基准，要写明白依据的是哪一条法令，否则执行者就要被杖打三十。"断罪引律令"反映了唐太宗想以刑律的划一性制约法司断案舞弊的可能。

其次，强调稳定性。

唐太宗指出："法令不可数变，数变则烦，官长不能尽记；又前后差违，吏得以为奸。"法不稳定，律文多变，易生繁文，导致严刑。同时，也使人心多惑，无所适从。多变与少变，不稳与稳定，都是互相比较而言，保持法律的稳定性必以少变或不变作为前提。唐太宗要求立法者房玄龄等审慎而行，不可轻立；既立之后，必须考虑周详、细致审定，以长久保持。事实证明，唐太宗确立的这个立法准则得到了认真的践行。但是唐太宗也知道，立法要相对稳定，但并非一成不变。对某些不合时宜的条文，必须顺应时势做出适当的修改，只是应严格地按照修改律文的手续进行。《唐律疏议》指出，有不适用实际或不合适的法律条文，应召集七品以上的京官，集体讨论议决，然后上奏裁定。这就是说，修改律令权归尚书省，批准律令权归皇帝，二者互相掣肘，缺一不可。将修改权与批准权分立，目的也是保持立法的稳定性。

第三，注意简约性。

唐太宗于贞观元年（627）下达"用法务在宽简"的指示，贞观十年（636）又发出"国家法令，惟须简约，不可一罪作数种条"的旨意，要求将2000余条的繁文简择为700条。可以说，《贞观律》是最为简约的律法之一，它有利于健全司法。

依据太宗的旨意，参酌古今，创造性地完成贞观定律工作，这是房玄龄在唐朝的重要贡献之一。在《贞观律》的基础上，之后形成了唐代法制律、令、格、式的构成体系，唐代的律令格式自此成为中国古代法制的核心。房玄龄不负唐太宗李世民厚望，为唐初法律的制定做出了重要贡献。

（二）主持制礼

封建礼仪是维护封建统治秩序所必需的。六朝礼学尤盛，隋与唐初亦然。因为政治上的统一，封建专制集权国家的巩固必然要求南北礼学趋向合流。隋朝时，文帝命太常卿牛弘集南北仪注，定《五礼》130篇。随后，隋炀帝在广陵加以修订，即《江都集礼》，集南北礼学之大成。

及至唐高祖李渊定都长安，又召用熟悉隋朝礼仪的窦威为大丞相府司录参军，沿袭隋礼，略加裁定。窦威定礼，被李渊赞为"今之叔孙通"。唐太宗即位后，于贞观二年（628）令中书令房玄龄兼任礼部尚书，请他召集一批熟悉礼的学者修改旧礼。次年，魏征任秘书监，也参与修订工作。经过几年的努力，至贞观七年（633），《贞观新礼》初次修订完毕，篇目大体上和《隋礼》相同。

由于是初次修订，难免有不完善之处，特别是贞观七年（633）以后，围绕着封禅大典争论激烈，意见纷纭，所以就有了重新修订《五礼》的必要。唐太宗命房玄龄、魏征、王珪等大臣主持修改，同时邀请一批著名学者如颜师古、孔颖达、令狐德棻、李百药等参加，其中孔颖达起了重要作用。贞观十一年（637）三月，《贞观新礼》修成，共计138篇，比初稿增加了8篇。唐太宗诏颁天下，说："广命贤才，旁求遗逸，探六经之奥旨，采三代之英华。古典之废于今者，咸择善而修复；新声之乱于雅者，并随违而矫正。"可见，《贞观新礼》第二次修订稿较为完备，可谓集古今理学之大成。

孔颖达像

对于《贞观新礼》的颁行，唐太宗是非常重视的。他曾高兴地说："昔周公相成王，制礼作乐，久之乃成。逮朕即位，数年之间，成此二乐（指《破阵乐》和《庆善乐》）；五礼又复刊定。未知堪为后代法否？"素来以"犯逆鳞"著称的魏征，亦一反常态，赞颂唐太宗"拨乱反正，功高百王，自开辟已来，未有如陛下者也。更创新乐，兼修大礼，自我作古，万代取法，岂止子孙而已"。唐太宗与房玄龄、魏征等君臣之所以如此重视修礼，是因为礼乐适应封建专制主义统治的需要，有利于巩固封建政权。

之所以出现君臣共乐于修礼的情况，是因为礼学作为封建经学的重要组成部分，能使家庭和睦、社会安定、百姓知廉耻、官吏守法纪，

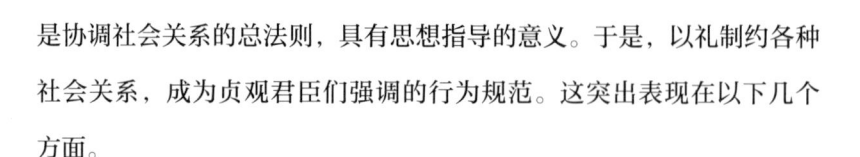

是协调社会关系的总法则,具有思想指导的意义。于是,以礼制约各种社会关系,成为贞观君臣们强调的行为规范。这突出表现在以下几个方面。

首先,以礼维护封建君主专制制度。唐太宗诏示大臣重视礼学,如同任何封建帝王一样,首要目的在于维护君权的威严。贞观十一年(637)十月,即《贞观新礼》颁发后半年,唐太宗在洛阳宫积翠池宴请房玄龄等人,就《尚书》赋诗一首:"日昃玩百篇,临灯披《五典》。夏康既逸豫,商辛亦流湎。恣情昏主多,克己明君鲜。灭身资累恶,成名由积善。"房玄龄、魏征等群臣纷纷响应唱和。魏征还就西汉史事作诗道:"终藉叔孙礼,方知皇帝尊。"太宗说:"魏征每言,必约我以礼也。"可见,贞观君臣以礼相约,具有维护封建皇帝尊严的作用。

同时,礼对于封建等级制度来说,也是须臾不可少的。由于封建统治秩序的特征是论等级、讲尊卑、别贵贱,所以在礼仪上必然要有烦琐而严格的规定,包括宅第、车马、婚嫁、丧葬、祭祠等都上下有别、不准僭越。例如,贞观四年(630)八月,唐太宗下诏云:"常服未有差等,自今三品以上服紫,四品、五品服绯,六品、七品服绿,八品服青;妇人从其夫色。"

其次,以礼制律,刑礼相辅而行。唐太宗君臣继承与发展汉以来援礼入律的传统,把礼学作为制定与修改律令的指导思想。一部《贞观律》,其绝大多数篇章都是按礼制定的。正如《明史·刑法志》指出:"唐撰律令,一准乎礼,以为出入。"也就是说,以礼之出入作为量刑定罪的标准。值得指出的是,唐太宗还指示房玄龄以礼修改恩不相及、祸俱株连的酷法。房玄龄"据礼论情",修改了过去因兄弟犯"谋逆"

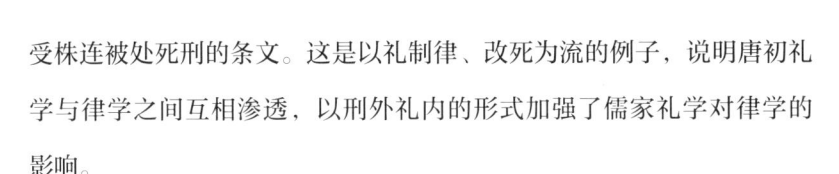

受株连被处死刑的条文。这是以礼制律、改死为流的例子，说明唐初礼学与律学之间互相渗透，以刑外礼内的形式加强了儒家礼学对律学的影响。

相应地，唐太宗为了维护礼学，也以法律弥补礼制的缺陷。贞观十一年（637），他下诏说："失礼之禁，著在刑书。"意思是关于违反礼制方面的规定，都要明确地写在刑法典籍中。针对当时逾越丧礼而竞相厚葬的风气，他提出严厉的批评："富者越法度以相尚，贫者破资产而不逮，徒伤教义，无益泉壤，为害既深，宜为惩革。其王公以下，爰及黎庶，自今以后，送葬之具，有不依令式者，仰州府县官，明加检察，随状科罪。"此是对"失礼"者绳之以法的例子。

第三，以礼作为政治准则，调整封建统治阶级的内部关系。唐太宗君臣十分强调以礼作为行为规范，合乎礼的就执行，不合乎礼的就改正。这是贞观时期政治生活的一个特点。

在唐太宗和房玄龄等君臣的倡导下，礼学结合时政，对协调君臣关系起到了显著的作用。房玄龄主持修订礼制，同时又主持修订法律。在此过程中，他注重以礼制法、援礼入法、依法护礼、礼法相依。在唐朝，行礼即遵法，执法就行礼，礼与法共同制约着人们的行为，从而开创了一代礼法昌盛之世，以至于在当时阿拉伯商人的眼里，唐朝前期的中国社会简直就是一个典型的法制社会，"往时中国在行政上的卓著成效，实在令人惊叹。其中的一个事例，就是法制，中国人打心底里尊重法制"。后人对唐朝制度的高度认可，就是对当初房玄龄贡献的充分肯定。

（三）改革教育制度，完善育人机制

为了培养人才，唐太宗时期对学校制度做了某些改革。出身书香世家的房玄龄，自然明白教育对于国家的重要性，因此对教育也是相当重视。作为尚书左仆射，房玄龄首先协助唐太宗使学校教育制度逐步完备化，确立了中央、州、县三级官学制，还十分重视对各类教师的选拔；其次，强调统一教材的选编与使用；再次，在地主阶级内部尽量扩大招生名额；最后，积极接收异族异国的留学生。

房玄龄崇尚儒学，所以极力推崇孔子。李渊当皇帝时，国子学的庙堂之中，以周公为先圣，孔子配飨。房玄龄等建议停祭周公，以孔子为先圣，颜回配飨。这种观点得到了唐太宗的认同，朝廷便下诏令执行。

在房玄龄等人的倡导下，唐朝大收天下儒士，根据他们的学识，分别予以录用，还扩大各类学校招生。李世民多次亲自到国学听祭酒、博士讲授儒学；四方儒士纷纷负书而至长安，吐蕃、高昌、新罗等少数民族酋长也派子弟进长安入学。一时之间，国子监中的学生多达万人。唐初形成的这种教育兴旺局面，与房玄龄的积极倡导是分不开的。

房玄龄还积极推荐教育人才，如经学家司马才章，由于博涉"五经"，被推荐为国子助教。总而言之，贞观时期，出现了学风大兴的盛况。中唐杰出的大诗人刘禹锡对唐太宗的"养才之道"赞赏有加，希望"贞观之风，粲然可复"。这种评论是对贞观学校之盛的美好赞誉。

第三节　房谋杜断，千古佳话

房玄龄与杜如晦并称"初唐名相"，是唐太宗李世民基业草创时期的主要大臣，深得李世民信任。他们多方筹谋，为日后"贞观之治"局面的开辟做出了不可磨灭的贡献。

房玄龄和杜如晦相识于微时，也正是房玄龄将杜如晦推荐给当时还是秦王的李世民的。他们一起跟随李世民征伐四方，出谋划策，运筹帷幄。军队里的事务很多，杜如晦拿到手上，即刻分析决断，非常迅速。

在夺取皇位的斗争中，房玄龄与杜如晦的意见更是一致，都主张李世民当机立断，扳倒太子一党。太子李建成对秦王府中的房、杜二人非常忌惮，多次提及"秦王府中所可惮者，唯杜如晦和房玄龄耳"。为了

西安市贞观广场上的"房谋杜断"群雕

房玄龄

削弱李世民的力量，李建成在唐高祖李渊面前造谣说房、杜二人有不轨之心，将对国家不利。信以为真的李渊下令将二人调离了秦王府，并且要求他们不能与李世民私自见面。李世民决心扳倒太子一党后，立即派大将尉迟敬德将房、杜二人召回秦王府，共商大计。于是，房玄龄和杜如晦秘密出入秦王府，帮李世民拿定主意，出谋划策，与大家共同策划了玄武门之变。

李世民即位后，任命房玄龄为尚书左仆射，杜如晦为尚书右仆射。房玄龄既通晓政事，又有文才，协助李世民处理军国事务。唐太宗经常说房玄龄之于他就像萧何之于汉高祖，运筹帷幄，可决胜于千里之外，有平定天下之功。的确，房玄龄性格宽厚，讲求仁义，不专断，不独揽大权，谨慎周密，能充分听取各方的意见。杜如晦则有应变之才，既聪明又灵活，对事务有着精准独特的判断能力，往往能一锤定音。房、杜二人配合非常默契，史称"时军国多事，剖断如流，深为时辈所服"。

据《旧唐书·房玄龄传》记载，唐太宗同房玄龄研究国事的时候，房玄龄总是能够提出精辟的意见和具体的办法，但是往往不能做决定。这时候，唐太宗就必须把杜如晦请来。而杜如晦一来，将问题略加分析，就立刻肯定了房玄龄的意见和办法。房、杜二人就是这样，一个善于谋划，一个长于决断，史称"房谋杜断"。

房玄龄与杜如晦一起不遗余力选拔士人，一起商定尚书省的制度架构，一起讨论，一起决策，十分投合。因此《新唐书》说："如晦长于断，而玄龄善谋，两人深相知，故能同心济谋。"当时的人说起良相，往往首推房、杜二人。两个人既是好友，又是工作上的最佳搭档。毫不夸张地说，"贞观之治"的出现，他们二人厥功至伟。

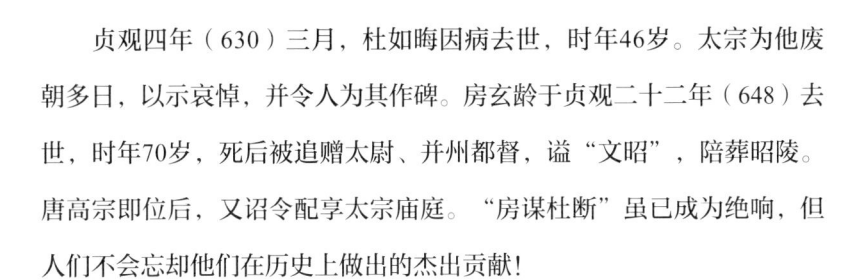

贞观四年（630）三月，杜如晦因病去世，时年46岁。太宗为他废朝多日，以示哀悼，并令人为其作碑。房玄龄于贞观二十二年（648）去世，时年70岁，死后被追赠太尉、并州都督，谥"文昭"，陪葬昭陵。唐高宗即位后，又诏令配享太宗庙庭。"房谋杜断"虽已成为绝响，但人们不会忘却他们在历史上做出的杰出贡献！

第四节　维护祖国统一，主张和亲政策

贞观十四年（640），在广袤的中华大地上形成了一个统一的多民族国家，唐太宗是这个统一的多民族国家的奠基者，他在各民族中享有崇高的声望，被誉为"天至尊""天可汗"，成为境内各族的共主。这同他推行了开明的民族政策是分不开的，也与他手下以房玄龄为代表的朝廷官员的得力践行密不可分。唐太宗君臣执行的和亲、团结、德化的民族政策就是开明的民族政策的生动体现。

（一）和亲政策的制定

众所周知，我国的和亲政策由来已久，一般是在中原王朝国势衰微的情况下对周边少数民族采取的一种政治行动。比较有名的和亲，如西汉元帝时期的王昭君出塞。基于此，古代史家往往将和亲政策视为中原王朝对少数民族政权屈辱妥协的代称。但是，唐初的和亲政策与传统的和亲政策不同，它是在大唐国势昌盛的时期大力贯彻的。所以，它不是屈辱妥协的象征，而是唐太宗在房玄龄等大臣的辅佐下实施开明民族政策的表现。

贞观十六年（642），唐太宗向房玄龄等大臣指出，对付薛延陀（北

方古代少数民族，居于漠北，官制、风俗与突厥大抵相近）的策略是一战二和。战胜使之屈服，自然额手称庆；但战争付出的代价毕竟太大，如和亲能使之感化，同样能达到扩大自己实力的目的，亦为良策。房玄龄也称"和亲之策，实天下幸甚"。

房玄龄作为太宗的左仆射、朝廷重臣，为了国家统一和边疆稳定，积极策划和执行和亲政策。

（二）和亲政策的实施

贞观时期有为数众多的和亲与联姻，前有与北突厥和亲，后有唐蕃和亲，其中影响最为深远的当推唐蕃和亲。

公元7世纪初崛起于青藏高原的松赞干布，是个英勇又有谋略的藏族君主，他平定叛乱、统一吐蕃、改革内政，对藏族历史发展做出了巨大的贡献。他积极向上，渴慕唐风，于贞观八年（634）遣使入唐，2年后奉表求婚。房玄龄从民族大义出发，积极支持唐蕃和亲。唐太宗于贞观十四年（640）允婚，第二年初命江夏王李道宗护送文成公主入藏，并随带了丰厚的嫁妆，包括释迦牟尼像、佛教典籍、植物种子、医药书籍、工技著作等。

松赞干布坐像

文成公主的入藏，改变了吐蕃的落后面貌，有助于吐蕃经济文化的发展。

第一，促进了当地农业、手工业的发展。文成公主入藏时带去了一些谷物与蔬菜种子，还有各色工匠。高宗永徽初年，松赞干布与文成公主又向唐朝申请蚕种及造酒造纸等工匠。于是，唐王朝的冶金、农具制造、纺织、建筑、制陶、碾米、酿酒、造纸、制墨等各种技术悉数传入吐蕃。藏民在汉族工匠的帮助下，学会了相关生产技术。相传，山南地区的牛犁法就是文成公主教会的，日喀则的铜匠至今还奉文成公主为他们的祖师。此外，文成公主带去的侍女也是善于纺丝织帛的能手，她们也教会了藏民纺织，促进了当地纺织业的发展。

文成公主坐像

第二，改变了当地落后的生活习俗。文成公主入藏以前，当地没有制瓷技术，食器缺乏。陶瓷工艺传入后，饮食便利起来。以前吐蕃人以毡帐作为居处，自从土木建筑技术传入后，松赞干布带头修建房屋。尤其是上层人物，抛弃了住帐篷的习俗。文成公主带入的华丽绸缎，使吐蕃的衣料更加丰富，他们除遣使长安购买丝绸外，还自己养蚕、缫丝、

［唐］阎立本《步辇图》
（画面描绘唐太宗接见松赞干布派来的求婚使者的场景）

纺织。

第三，对当地文化艺术与宗教的影响。文成公主入藏时带去了一批诗书史籍，激发了吐蕃贵族学习唐王朝先进文化的兴趣，促使松赞干布多次派遣贵族子弟入唐学习汉族文化礼仪。

唐乐也是文成公主进藏时传入的，她带去一支乐队，这支乐队拥有50余件弹拨乐器，对藏乐产生了影响。这些乐器被藏民视为至宝，历代相沿，密藏在拉萨大昭寺里。

文成公主还带去了佛像与佛教经典，促进了当地佛教的发展。

第四，促进了文字和历法的创改。吐蕃原无文字，记事以刻木结绳为约。文成公主入藏后，为了适应吐蕃经济文化发展的需要，她劝告松赞干布创制文字。于是，松赞干布派遣贵族子弟到印度留学，参考梵文与古于阗文，制成20个藏文字母和拼音造句的文法。从此，吐蕃有了自己的文字，这对推动西藏文化的发展起了重要作用。

松赞干布迎娶文成公主图

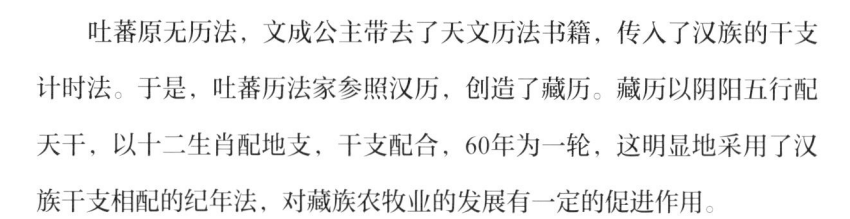

吐蕃原无历法，文成公主带去了天文历法书籍，传入了汉族的干支计时法。于是，吐蕃历法家参照汉历，创造了藏历。藏历以阴阳五行配天干，以十二生肖配地支，干支配合，60年为一轮，这明显地采用了汉族干支相配的纪年法，对藏族农牧业的发展有一定的促进作用。

第五，促进了汉藏友好关系的发展。文成公主作为汉族人民的友好使者，从贞观十五年（641）入藏到唐高宗永隆元年（680）逝世，在西藏生活了40年，她始终不渝地贯彻了唐太宗较为开明的民族政策，促进了唐蕃间的经济文化交流。唐代诗人陈陶在《陇西行》诗篇中以"自从贵主和亲后，一半胡风似汉家"的诗句，歌颂了公主入藏对吐蕃社会经济发展的作用。直到今天，藏族人民仍对文成公主怀念和颂扬不已。

高宗永隆元年（680），文成公主病逝，藏族人民举行了隆重的祭奠仪式。为了表达对她开拓唐蕃友好关系的敬意，藏族人民先后在大昭寺、布达拉宫供奉她的塑像，还择定文成公主入拉萨的藏历四月十五日作为公主诞辰的纪念日。直到唐穆宗长庆元年（821），唐蕃共立的唐蕃会盟碑还对贞观朝的唐蕃和亲做了美好的回顾，指出"和叶社稷如一，于贞观之岁，迎娶文成公主至赞普牙帐"，这都成为唐太宗和亲政策成功的标志，说明唐太宗君臣的和亲政策在唐蕃友好历史上有深远的影响。房玄龄作为唐初名相，在辅佐唐太宗制定和执行和亲政策的过程中功不可没。

第五节　凌烟阁叙功，形在其中

贞观十七年（643）正月，魏征离世，唐太宗李世民哀恸不已。某一日，他登高北望，想起当初与他一同打天下的众位功臣中，有数位已经辞世，仍活着的也多已老迈，再思及往日岁月峥嵘，心绪低沉，思绪万千。为表彰唐王朝开国勋臣，他命画家阎立本在凌烟阁内描绘了24位功臣的画像，并亲撰赞词，由褚遂良书写。

阎立本像

阎立本（约601—673），雍州万年（今陕西省西安市临潼区）人，唐代政治家、画家。在隋朝，阎立本官至朝散大夫、将作少监。唐高宗显庆元年（656），阎立本继任兄长阎立德为将作大匠，同年由将作大匠迁升为工部尚书。总章元年（668）擢升为右相，封博陵县男。阎立本对绘画、建筑都很擅长，代表作品有《步辇图》《历代帝王图》等。

褚遂良像

褚遂良（596—659），字登善，杭州钱塘（今浙江省杭州市）人，唐朝政治家、书法家。褚遂良博学多才，精通文史，隋末时跟随薛举为通事舍人，归顺唐朝后任谏议大夫、中书令，执掌朝政大权。贞观二十三年（649），褚遂良与长孙无忌同受太宗遗诏辅政，升尚书右仆射，封河南郡公。后出为同州刺史。永徽三年（652）召回，任吏部尚书，监修国史，不久升为尚书右仆射。褚遂良工于书法，初学虞世南，后取法王羲之，与欧阳询、虞世南、薛稷并称"初唐四大家"，传世墨迹有《孟法师碑》《雁塔圣教序》等。

24位功臣的画像皆真人大小，绘于唐朝皇宫内三清殿旁的凌烟阁内。图像绘好后，唐太宗时常前往怀旧。后又有4位皇帝在凌烟阁为功臣画像，现在能看到的共132幅画像，除去重复画像，共100人左右。画像全部面向北方，阁中有中隔，隔内北面写"功高宰辅"，南面写"功高侯王"，隔外面依次是大小功臣。

《旧唐书》中记载了唐太宗发布的《图功臣像于凌烟阁诏》，将这24位功臣分为4类：

第一类是"绸缪帷帐，经纶霸图"，"绸缪"指的是预先做准备，做什么准备呢？图谋霸业，也就是晋阳起兵、建立唐朝。

第二类是"学综经籍，德范光茂"，意思是学识超凡，德行高尚。

第三类是"竭力义旗，委质藩邸"，是指当年在秦王府跟随着他的那些人。李世民在玄武门事变前是秦王，"藩邸"一词指的是秦王府。

第四类是"受脤庙堂，辟土方面"，也就是说在太宗上台后听命于太宗开疆拓土的。24位功臣中，除张亮、侯君集后来涉及"谋反"被诛外，其他功臣皆得善终。

贞观一代，可谓人才辈出，画像于凌烟阁的24位功臣就是其中的佼佼者，他们分别是长孙无忌、李孝恭、杜如晦、魏征、房玄龄、高士廉、尉迟敬德、李靖、萧瑀、段志玄、刘弘基、屈突通、殷开山、柴

房玄龄

[宋]李公麟《凌烟阁功臣图》

绍、长孙顺德、张亮、侯君集、张公谨、程知节、虞世南、刘政会、唐俭、李勣、秦琼。这些谋臣武将为"贞观之治"的出现贡献了自己的才干智勇,是唐太宗广开才路得以收效的生动体现。

当时,24位功臣画像的位次并非按照功劳大小排列,而是先由唐太宗选出24位功臣后,再按照他们当时的最高官职进行排列。贞观十七年(643)已经去世的人,此时已经获得赠官(死后赠官一般会远远高于生前真正职务),因而排在前面。比如,贞观十七年,长孙无忌的最高虚衔为司徒、房玄龄为司空,而李孝恭、杜如晦、魏征此时已经去世,被赠官司空,按"死者为大"的原则,真正的司空房玄龄就排在了李孝恭、杜如晦、魏征3人之后。

房玄龄作为唐太宗的股肱重臣,入凌烟阁24位功臣是对他跟随唐太宗东征西讨、筹谋玄武门之变、创建"贞观之治"的极大肯定和赞誉。

第六节　总监修史，主编《晋书》

唐太宗文治的一个重要内容，就是以史为鉴。唐太宗曾对房玄龄说："朕每观前代史书，彰显瘅恶，足为将来规诫。"这就清楚地说明，以史为鉴，可以知兴替。因此，唐太宗尤为重视修史工作。

贞观三年（629），太宗命令狐德棻与秘书郎岑文本修《周书》，中书舍人李百药修《北齐书》，著作郎姚思廉修《梁书》和《陈书》，秘书监魏征修《隋书》。由于唐太宗十分重视以史为鉴，所以贞观时期出现了前所未有的修史盛况，成绩极为可观。从贞观三年（629）到贞观二十二年（648），房玄龄主持修史工作长达20年。

李百药像

（一）监修诸史

贞观一代修成8部正史，即《北齐书》《周书》《梁书》《陈书》《隋书》《晋书》《南史》《北史》。除《南史》和《北史》是李延寿父子私人编修外，其余6部都是在唐太宗下诏后进行集体官修的。

房玄龄是主持修史的总负责人，主要职责有三：一是确定"刊削之例"，即负责安排编撰原则及撰写体例；二是担负"铨配之理"，即负责安排编撰人员、确定任务，并检查撰写进度；三是"明立科条，审定

房玄龄

姚思廉像

颜师古像

区域"，即负责裁断疑难及审定书稿。除此之外，唐太宗又任命魏征协助总管修史工作。

《周书》的主编令狐德棻是个史学家，他吸收了西魏柳虬所写的北周官史和隋代牛弘追撰的《周纪》18篇，又利用了唐初修史征集的资料作为补充，以牛史为蓝本，于贞观十年（636）写成《周书》50卷。

《北齐书》的主编李百药家学渊源，其父李德林在北齐时就预修国史27卷，到隋开皇时又奉诏续增了38篇以上。在此基础上，李百药又参考隋秘书监王劭的编年体《齐志》16卷，写成了《北齐书》50卷。

《梁书》和《陈书》的主编姚思廉在继承了父亲姚察编撰的梁、陈史遗稿的基础上，又吸收了前代的著作，写成《梁书》56卷、《陈书》36卷。

《隋书》纪传多出于中书侍郎颜师古、给事中孔颖达之手。颜、孔学贯古今，博通经史，所撰《隋书》的序、论，针砭隋之存亡得失，多所深识。魏征率二人修撰纪传50卷。

贞观十年（636）正月，五朝史修成，由尚书左仆射房玄龄、侍中魏

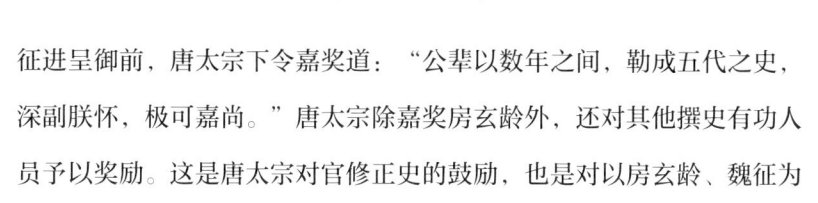

征进呈御前，唐太宗下令嘉奖道："公辈以数年之间，勒成五代之史，深副朕怀，极可嘉尚。"唐太宗除嘉奖房玄龄外，还对其他撰史有功人员予以奖励。这是唐太宗对官修正史的鼓励，也是对以房玄龄、魏征为总负责人的修史团队的肯定与鞭策。

（二）监修国史

唐太宗不仅重视往代历史的编撰，也非常重视当代历史的编撰工作。贞观年间的当代史主要有国史、实录、起居注3种。

贞观三年（629），唐太宗在宫禁门下省北始置史馆，由宰相兼修国史，首任监修官即为唐太宗的中枢重臣房玄龄。宰相监修国史，史馆的政治地位必然有所提高，史馆建置、馆员生活待遇等也有所改善。以宰相监修国史的传统，由此成为定例。

太宗朝的国史由房玄龄监修。房玄龄为人正直，具体负责修撰工作的邓世隆以及顾胤、李延寿等又是当时公认的"直笔"史家。因此，当时他们所撰国史多数具有直笔史风。

唐太宗以史为鉴，也很想读一读国史。贞观十四年（640），唐太宗问房玄龄："朕每次阅览前代的史书，都是表扬好的人和事、斥责恶的人和事，就可以此规诫自己要注意以后的言行。不知道自古以来，每一代的国史，为什么不让帝王亲自阅览呢？"

房玄龄回答道："对于国史来说，好人坏人、好事坏事都必须记下来，有几个皇帝能不做不合规矩的事情呢？修史者因为害怕皇帝来干涉修史的内容，所以不让当时的皇帝阅览。"

太宗说："朕看国史的用意与古人是不一样的。我现在想看看当朝的国史，就是想作为镜鉴。如果有好事，当然不用说了；如果有坏事，

房玄龄

也是想以它为戒、改正错误。"于是叫房玄龄抄录给他看。

房玄龄等人见状，就将高祖、太宗实录各20卷呈给了唐太宗。唐太宗看到了有关玄武门之变的记载，就要求房玄龄如实记录当日之事，而不需要有所回避。这得到了房玄龄和魏征等人的一致认可。封建帝王多以个人好恶歪曲历史，唐太宗却主张直书其事，不为尊者、贤者讳，这是难能可贵的。

唐太宗为加强实录的编撰工作，改变了往昔不修当朝实录的做法，决定于他在世时就始修实录。成书于贞观十七年（643）的高祖、太宗实录是唐初的第一部实录，也是有史以来最详备的实录。为了鼓励修史，唐太宗对房玄龄等人进行了表彰。

起居注是我国古代史官记载帝王的言行录。除了国史和实录外，唐太宗还十分重视起居注的编录工作。在房玄龄的建议下，唐太宗从两方面加强了对起居注的编录工作：第一，扩大了起居注史官的人员范围。唐以前的起居注史官多由秘书郎、起居郎、起居舍人等担任。贞观初，除由起居郎任职外，还有他官兼任，如给事中杜正伦、谏议大夫褚遂良等曾兼知起居注。他们详细地记录了唐太宗的言行，使唐初大有古者左史记言、右史记事的传统。起居注的丰硕成果，为史籍编撰提供了丰富的史料来源。

第二，鼓励起居注史官秉笔直书。贞观初，唐太宗对房玄龄及史臣说到自己每日上朝，为了对天下百姓负责，出言审慎，不能随意说话。他不但表彰如实记录的杜正伦，同时对于褚遂良将自己好的言行和坏的言行都直笔记录的行为表示肯定。

在唐太宗的鼓励下，在房玄龄的监修与示范下，贞观一代史风淳朴，某些良史都有中国传统的史学直笔遗风，杜正伦、褚遂良、魏征等都是其中的佼佼者。

起居注记录以皇帝为中心的最高统治集团的正式活动，是编写国史的最基本素材。贞观三年（629）以后，唐高祖、唐太宗起居注的编撰工作也由房玄龄主持。唐太宗还就起居注撰录事宜与房玄龄进行了细致讨论，要求史官秉笔直书。

（三）主编《晋书》

贞观二十年（646），唐太宗下诏，任命房玄龄、褚遂良和许敬宗等人为监修，命令狐德棻、李淳风、李延寿、李义府等18人分工修撰《晋书》。这次修史，颇为隆重。这是为什么呢？

这要从唐代以前的晋史修撰说起。在唐代以前，已经有20余人修撰晋史。到了贞观年间，还存有18家。可是唐太宗阅遍这18家晋史，都不满意，认为它们称不上是良史，有的文笔差，有的杂而不精，有的前后不连贯，有的不完整，有的浮夸之词太多，达不到他考辨史迹的目的。于是，他下诏重修晋史，仍然用宰相监修和史家分撰的制度。

房玄龄、褚遂良等人接到任务后，分头梳理前代史书，决定采用"正典"和"旧说"两种资料来源进行修史。当时的"正典"，最有名的是东晋干宝所写

许敬宗像

的《晋纪》，此外，刘宋的何法盛所写的《晋中兴书》，南朝齐的臧荣续所写的《晋书》也较为详备。于是，房玄龄等人以臧荣续《晋书》为蓝本，参酌诸家，兼采"旧说"，即笔记小说之类的稗官野史。

由于史料丰富，撰家又多，所以《晋书》的编修工作进展很快，仅用了2年多的时间就完成了。书成后，唐太宗下诏皇家图书馆收藏，又给予修史诸人以赏赐与加封。他还亲自撰写了4篇史论，所以当时也称《晋书》为御撰。又因为房玄龄是监修官，所以也称《晋书》为房玄龄撰。

这部重新修撰的《晋书》，因为参考了以前的修史著作，所以从完整性上来说，是最为完整的，同时具有据事直书的优点。在这部书中，很明显，房玄龄贯彻了唐太宗宣扬"君权神授""忠臣殉国"的意图，其目的当然是保障李氏政权的长治久安。

另外，由于《晋书》修撰太快，致使书中遗留下很多错误。再加上作者众多（共21人），属于集体编纂，并非成于一人之手，虽然能够做到量才授职、博取众家之长，但也因为作者的经历、所用参考资料及对同一个事件认识的不同，造成了《晋书》中某些内容前后不一的情况。但是，《晋书》继承了《东观汉记》所用的"载记"体例，在编撰体制方面表现出良好的完善性。它创造性地记载十六国君臣的事迹，不再像此前的史家撰史时强调华夷之分，这种认识格局上的发展，反映了隋唐统一后"天下一家"的思想。房玄龄在《晋书》中，记录了许许多多对于为政有参考价值的言论。

因此，尽管《晋书》有某些不足之处，但其积极吸取唐以前的研究成果，取材甚为详细恰当，比之诸旧著自有优越之处，故该书问世后，"自是言晋史者皆弃其旧本，竞从新撰者焉"。前代的众多晋史湮没在历史长河之中了。唐修《晋书》成为我们研究那个时代的重要史料，可谓是一部包罗万象、资料广博的史书。

（四）尊儒崇经

由于唐王朝是统一强盛的封建国家，尊儒崇经也就带有统一时代的特征。唐太宗设馆礼贤下士，指示加强经籍的整理与注疏工作；房玄龄积极贯彻落实，促进了唐初经学的发展。

尊儒崇经的政治目的，无非是维护君为臣纲的封建等级制度。正是在这种思想指导下，房玄龄和朱子奢建议以孔子为先圣，以颜回为先师，按照旧典形式，两边陈放"俎豆干戚"，加以顶礼膜拜。贞观四年（630），唐太宗下令命全国各州县都置孔子庙。贞观十一年（637），唐太宗又下诏令尊孔子为宣父，在兖州特设庙殿，专门拨20户人家维持供奉。可见，唐太宗时期的尊孔崇儒思想比唐高祖时深化了一步，反映了当时统治的需要。

在房玄龄的总监下，历时2年

孔子像

颜回像

多，包括《周易》《尚书》《毛诗》《礼记》《左传》在内的《五经定本》完成了，并呈现到唐太宗面前。太宗十分重视，特请宰相房玄龄召集诸儒研讨，加以评议。由于学派观点不同，诸儒纷纷对《五经定本》提出了很多意见，但都被《五经定本》的修撰者颜师古说服了。贞观七年（633）十一月，《五经定本》颁行全国，作为中央朝廷至地方州县各级学校的标准教科书。对于学习者来说，《五经定本》的出现改变了过去求经无所适从的状况，促进了教育事业的发展。

（五）编撰《文思博要》

贞观十六年（642），房玄龄又与高士廉等一同撰成《文思博要》。

《文思博要》共1200卷，是一部大型类书，内容包举甚广。房玄龄是这部类书的直接编撰者之一。《文思博要》编成后，行用颇广。在武则天朝，徐坚、张说、李峤等人以《文思博要》为底本加以增补，编撰成《三教珠英》1300卷。北宋初编《太平御览》，也大量引用了《文思博要》的材料。

第七节　君臣不疑，谏伐高句丽

贞观时期，君与臣之间的关系非常令人称道。战争期间积累的互相信任的情感基础，共同创造太平盛世的从政意愿，铸就了唐太宗与诸位大臣之间关系的牢固基础。唐太宗非常信任房玄龄，并把自己的女儿高阳公主嫁给了房玄龄的儿子。不仅如此，唐太宗在每次离开京师的时候都会把房玄龄留下，让他来处理朝政。

（一）君臣相得不相疑

自汉末到唐朝，北方的高句丽经常直接介入中原政局，或联合突厥、吐谷浑等北方民族夹击中原王朝，还时常陈兵边境，侵扰挑衅，意图夺得辽东地区。这些所作所为，已经构成了对中原政权安全的威胁，实在无法令人坐视不理。因此，只要国力、时局允许，任何中原政权都意欲解决这一政治问题。

唐朝建立后，政局渐渐稳定。到了贞观十八年（644），唐太宗以张亮为平壤道行军大总管，率兵4万，又募士3000，从莱州走海路向平壤进军；又以李勣为辽东道行军大总管，率军6万，以及兰、河二州归降的胡人，向辽东进军。这一次，唐太宗抱着必胜的决心亲自前往，他带去了众多的得力将领与文臣，让房玄龄坐镇京师，负责处理大小政务，以保障国内稳定。

一天，一个人突然跑到宰相府的门口大吵大闹起来，口口声声称有人要谋反。房玄龄不敢有一丝一毫的大意，立刻就让人把这个人带到自己面前。房玄龄问他控告何人，这个人的回答让所有人都睁大了眼睛——他要控告的就是房玄龄本人。

被人当面状告谋反，房玄龄非常吃惊。他冷静后，没有再盘问此人，而是直接命府中的手下把此人送往辽东，请太宗亲自审问。因为路途遥远，房玄龄怕此人经不起折腾，还命下人好好伺候他，务必将他安然无恙地送到皇帝面前。

正率兵出征高句丽的唐太宗，忽然得知房玄龄给他送了一个人过来，感到特别奇怪。当时唐军在战略上并不占优势，李世民非常苦恼，正在此刻，房玄龄送来此人，他本来不想处理，可是又一想，在这种重要时刻，房玄龄送一个人过来，肯定不会是小事。

太宗立刻决定受理这件事，让人把这个人带到了自己的营帐。听到此人诉说的内容后，大家都震惊了，人是房玄龄送来的，这个人竟然又是控告房玄龄的，如果房玄龄真要造反，又为何会差人把此人千里迢迢送来皇帝面前举报自己呢？

李世民听见此人荒诞的说辞非常不耐烦，没有再多问一句话，便直接命令士兵将这个人拖出去斩了。回到长安后，唐太宗对房玄龄说："这样的事情你自己处理就行了，没有必要向我汇报。"太宗还嗔怪房玄龄对自己没有信心，难道认为自己是不分是非的昏君吗？随即，唐太宗又给了房玄龄特许，允许他再遇此种闹剧时可自行处理，不需要上奏。

房玄龄不怕太宗知道有人诬告自己，唐太宗也不听信别人的诬告，君臣二人互相了解、互相信任，真可谓是君臣相得的典范。

（二）一心为国，深得贤良佑护

房玄龄为大唐的国事日夜操劳，鞠躬尽瘁，任劳任怨。不过有时候，他与唐太宗在一些问题的看法和处理方式上难免有相背之处，所以有几次他竟被太宗撵回家。但是，同僚们都十分了解房玄龄的为人，也都认同他的处政能力，往往都替他说好话，所以很快太宗就又将他调回来。

甚至长孙皇后临死前都不忘保护房玄龄。贞观十年（636）六月，长孙皇后病重，与太宗诀别。当时房玄龄被问责罢官，长孙皇后对太宗说："房玄龄追随陛下多年，小心谨慎，稳重可靠。朝廷奇计密谋，不曾有一丝泄露，如果没有大的过错，望陛下不要抛弃他。"不久，长孙皇后在立正殿崩世。

保护好房玄龄，是长孙皇后的遗托。于是，唐太宗召回房玄龄，让他官复原职。

（三）抱病上书，谏伐高句丽

房玄龄对于征伐高句丽一事抱有自己的见解。他认为，天下初定，经过连年征战，国库已经空虚，不如让百姓休养生息、安居乐业，以图后谋。

到了贞观二十二年（648），唐太宗再次准备讨伐高句丽。他命右武卫大将军薛万彻为青丘道行军大总管，率兵3万乘楼船战舰，北渡北海湾，占领泊灼口（今新义州附近），俘获甚众，为翌年大规模进攻作战做了准备。六月，唐太宗准备来年发兵30万一举歼灭高句丽。为此，他再次召集群臣商讨对策。朝议认为，大规模进军必须保障军需，必须粮秣充足，而军用物资如果依靠畜力车运是满足不了需求的，必须造大船进行水运。七月，唐太宗命令右领左右府长史强伟于剑南道伐木造舰，舰大者长33米、宽17米，舰船造好后沿江而下，自巫峡抵江州、扬州，向东出海集于莱州。八月，唐太宗又命越州督都府及婺、洪等州造海船及双舫1100艘。他还下令命陕州刺史招募勇士，同时命莱州刺史李道裕运贮粮食和器械于乌湖岛（今山东省烟台市蓬莱区东北250千米外）以备东伐。

房玄龄的《谏伐高丽表》（高丽，亦称"高句丽""高句骊"等，战国时属燕，汉武帝时起属玄菟郡。公元前37年，夫余人朱蒙建高句丽国；560年，高句丽国主被中原王朝册封为高丽王，自此高句丽也称"高丽"；668年，高句丽政权灭亡）即作于此时。这时候，房玄龄已经病重。他在病榻上对儿子房遗爱说："今天下无事，惟东征未已，群臣莫

房玄龄

敢谏，吾知而不言，死有余责。"于是抱病上书，写了著名的《谏伐高丽表》。

其实，房玄龄不是不清楚高句丽的问题，他也一直挂怀着这个问题。开皇十八年（598），隋文帝派遣杨谅率水陆军30万征伐高句丽。如此大规模的征伐战争，注定会对当时的社会生活造成极大的影响，更何况水军都是以青齐之地为集结地。因此，对于发生于家乡之地的事，房玄龄十分关注。其后，隋炀帝三伐高句丽，耗尽了国力。作为战事的亲历者，房玄龄深知战争所带来的损失与百姓要承担的赋役是非常沉重的，他深深地为战争感到伤怀。这一次，征讨高句丽这一政治问题再次摆在了房玄龄的面前，隋亡的历史教训使得房玄龄无法回避唐太宗东征可能带来的灾难。

当时，唐太宗正在玉华宫休养，得知房玄龄旧疾复发，他十分着急。他知道，国家还离不开这位赤胆忠心的老臣，于是下诏命房玄龄留守休养。房玄龄追赴玉华宫，坐偏轿入殿，快到皇帝御座跟前才下轿。君臣二人相见，百感交集，太宗为他流泪，玄龄也感伤不已，悲咽得控制不住自己。唐太宗下诏派名医救治，让掌管膳食的官员每天为房玄龄供应御膳。

房玄龄对皇上的关爱十分感动，他深情地说："我自知病情危重，难以渡过此关，我也难以再为国事操劳了。可是皇上对我的恩情深重，若是辜负了皇上的情义，我恐怕就死有余辜了。如今天下安定，朝野上下各得其所，百姓安家乐室，唯独东征一事还未停止，正为国家造成祸患。现在皇上心中恼怒且主意坚决，朝臣们没有敢犯颜谏诤的。我若明知此事欠妥却不提出来，即使死了也会衔恨九泉的。"于是将《谏伐高丽表》呈上。

在贞观十八年（644）第一次东伐高句丽的时候，大臣褚遂良就告知唐太宗征伐的结果可能不容乐观，尉迟敬德也同样上奏提醒唐太宗不要亲征。而就在这次唐太宗准备讨伐高句丽时，嫔妃徐惠也上表进谏，直截了当地指出常年征战会导致国内民生凋敝的形势及其危害，请唐太宗以史为鉴，并列举了秦始皇等穷兵黩武的下场。徐惠的奏章言辞非常激烈，这一定程度上反映出当时的现实。据历史记载，贞观二十一年（647）七月，唐太宗命令右领左右府长史强伟于剑南道伐木造大舰，剑南道州县督促过急，以至于出现百姓卖田宅、鬻子女都不能供给造船费用的情况，而且谷价上涨，当地骚乱加剧。

对于这些奏章，唐太宗都没有听进去，虽然他没有对劝谏之人发怒，但是当时也已经无人再敢劝说了。房玄龄的这篇奏章不同于褚遂良和尉迟敬德的奏章，他在写作上采取了截然不同的方式，主要表现在以下4点：

第一，语气平和。房玄龄基本上是顺着唐太宗的意思，并注意歌颂唐太宗的文治武功，而不去直接批评和顶撞唐太宗的施政方针。这个时候的唐太宗年纪也渐渐增大，不再像年轻时候一样无所计较。对于一位勇猛善战、正欲立下不朽功绩的皇帝来讲，如果直白地告诫他征伐造成的危害或者战败的后果，他是听不进去的。

第二，善于引用。与前面所说的奏章不同，房玄龄没有借用秦皇汉武穷兵黩武这样让皇帝听起来反感的历史教训，而是引用古代哲人老子、《周易》的名言，如"知进而不知退，知存而不知亡，知得而不知丧""知足不辱，知止不殆"等来开导、规劝李世民，并且进行正面鼓励:"知进退存亡,而不失其正者,其惟圣人乎?"意思是知道进退存亡的道理,只有太宗这类圣人才能做到。

第三,突出重点。房玄龄建议停止征伐高句丽,没有直接担心战败的后果或对国力的损害,而是从另一个角度出发,说高句丽不足以去教化,也不值得用仁义标准去要求,只要放任不理他们就行了。同时,他以太宗平素处理死囚很慎重为据,希望太宗能珍惜无辜士兵们的生命。

第四,感情真挚。房玄龄强调自己是临死进言,仍然自谦地说自己是微尘、滴水,太宗和国家是大海、泰山,以此来剖明心迹,强调写此奏章的动机是为国贡献微薄之力。

看到了这封上表,唐太宗虽然没有停止讨伐高句丽的准备,但也感慨良多,为这个老朋友的忠诚所打动。他对高阳公主说:"宰相的病情如此严重,还不忘为国家操劳啊。"到了唐高宗时期,高宗李治吸取了唐太宗东征的教训,改取先灭百济、再灭高句丽的战略,先后发兵50万,征战10余年,终于完成了唐太宗的遗愿,平定了高句丽。

后来,房玄龄病情加重,为方便探视,唐太宗命人凿开宫墙,多

陕西省礼泉县昭陵陵区远景

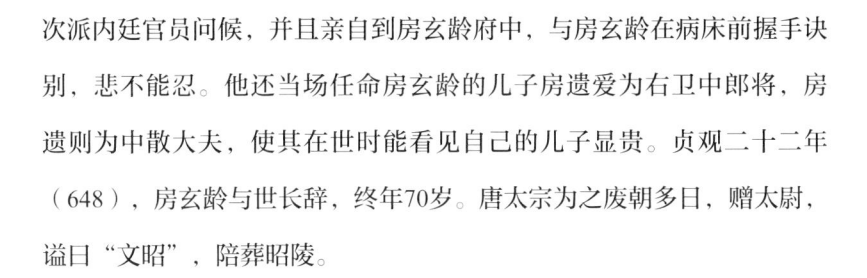

次派内廷官员问候，并且亲自到房玄龄府中，与房玄龄在病床前握手诀别，悲不能忍。他还当场任命房玄龄的儿子房遗爱为右卫中郎将，房遗则为中散大夫，使其在世时能看见自己的儿子显贵。贞观二十二年（648），房玄龄与世长辞，终年70岁。唐太宗为之废朝多日，赠太尉，谥曰"文昭"，陪葬昭陵。

第八节　家教甚严，房门不幸

（一）以身作则，严格家教

以身作则，严格家教，是齐州房氏的优良传统。早在隋开皇八年（588），房玄龄才10岁时，他就听其父房彦谦教诲："人皆因禄富，我独以官贫。所遗子孙，在于清白耳。"此后他不仅一生践行，而且也非常重视对子女的教育，治家颇有章法。

房玄龄给三子分别取名"遗直""遗爱""遗则"。推想房玄龄给三子取名实是各有深意：为长子取名遗直，是因春秋时晋国贤者羊舌肸博议多闻、品德高尚，能以礼让国，是当时晋国的贤臣，孔子称之为"遗直"。以古贤人的雅号为长子命名，房玄龄对其期望可谓高矣！而"遗爱"是指仁爱传家，"遗则"指"行为世范"，也含有深深的期待。

房玄龄身教言传都很到位，家训、家规也很严厉。他唯恐自己的子女仗势欺人，常告诫诸子不可因权势而骄奢，不可因地位而欺凌他人。他还集录了古代和当时社会一些有名的家训，亲自书写在屏风上，让诸子各取一具，时刻以之约束自己。他常在处理完朝中政事回到家中时，亲自督促儿子们的学业，询问他们对自己所集录家训的心得，听其背诵，并不忘提醒儿子们时刻注意、躬身践行。

（二）房门不幸，遭受劫难

然而不幸的是，到了高宗时，房玄龄次子遗爱所尚高阳公主嫉恨长子遗直居嫡袭爵，遂与遗爱阴谋夺其封爵，又涉嫌参与宗室夺嫡谋反一事。事情败露后，遗爱被诛，公主被赐自尽。遗直虽以父功特予宥免，也被除名为庶人，房玄龄一生的功业和家业几乎荡涤一空。自此，有唐一代，房玄龄支系几乎一蹶不振，令人叹息！

第五章

千里乡音曾记否

房玄龄

第一节 安葬父亲回乡

贞观五年（631），少时离家的房玄龄回到了故乡，此时他已经52岁了。这次回来，他是奉诏安葬父亲房彦谦的。

房彦谦卒于隋大业十一年（615），时任泾阳令，其夫人早已病逝。当时，正值隋末战乱，道路不通，房玄龄只好将父亲灵柩草草厝于泾阳郊野。此后，房玄龄追随太宗李世民东征西讨，戎马倥偬，十分繁忙，没有时间和机会陪伴父亲魂归故里。

待到李世民即位成为皇帝，房玄龄先为中书令，旋任尚书左仆射，位居中枢，日理万机，几乎一刻也离不开朝堂。直至国家渐趋清平，朝廷制度初定规模，房玄龄才奏请皇帝恩准，得以了却这一心愿。由于房玄龄为唐王朝的建立与发展立下了卓越的功勋，太宗对其父的归正首丘十分重视，并追赠房

济南市历城区
房彦谦墓石虎

济南市历城区
房彦谦墓石羊

彦谦为徐州都督、临淄县公，谥号曰"定"。

得到这样的殊荣，房玄龄非常感动。他又特地恳请李百药为其父撰写碑文，又请欧阳询书丹。文稿书写后，房玄龄命人将文稿先期送往齐州，请当地技艺高超的匠师制作碑体。碑首碑身，选用一块巨石雕制，碑首为拱形顶，两侧各有3条螭龙盘绕，碑额篆书"唐故徐州都督房公碑"。此碑形制巍峨壮丽，不仅足以彰显先人一生功业，而且必将传之后世，使后代瞻仰，流芳百世。

房氏祖茔，坐落于齐州城正东赵山南麓。赵山峰脉，起自西南，蜿蜒如龙，故当地人俗称青龙山。其南为四峰对峙的四门山，其西则是虎山，状如虎踞；东南为发源于南部山区的巨野河，风景秀丽，景色宜人。

房玄龄18岁贡举京师，告别齐州，离开故土，如今归来，世事沧桑，屡经劫难，他已身居高位，成为一个处变不惊、宠辱泰然的老者了。位极人臣的房玄龄尽管德高望重，但仍注意严于律己，谨言慎行，以上率下，不愿大肆铺张。虽然房玄龄以"大乱初平、民生凋敝、勿生滋扰"为由，一再恳请从简，但唐太宗依旧诏令有司营造车马运载其父的灵柩，每车配备4匹骏马，从泾阳殡所一直送到齐州故乡。灵柩出怀、泾二州后，太宗皇帝又命官府提供船只载运车马仪仗，费用不足则由当地官府补给，又破例赐予鼓角之乐导行。除役夫之外，还派了近千名兵士来建造坟茔。

为使安葬大礼更显隆重，太宗皇帝又特派使者以少牢之礼（按：牢为礼器，古时祭祀时盛牺牲用，祭拜时用三牲为太牢，单用羊或豕为少牢；诸侯祭以太牢，大夫祭以少牢）祭奠，州县地方官员吊唁献祭。

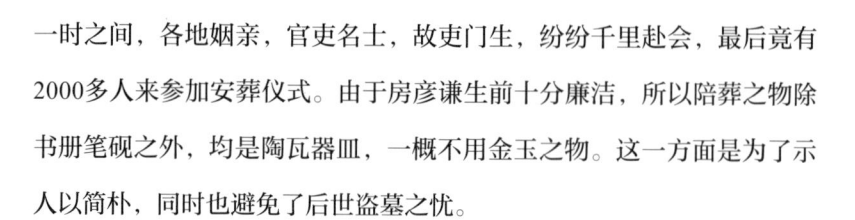

一时之间，各地姻亲，官吏名士，故吏门生，纷纷千里赴会，最后竟有2000多人来参加安葬仪式。由于房彦谦生前十分廉洁，所以陪葬之物除书册笔砚之外，均是陶瓦器皿，一概不用金玉之物。这一方面是为了示人以简朴，同时也避免了后世盗墓之忧。

根据《全唐文》《济南金石志》《章丘县志》整理《唐故徐州都督房公碑》之全文（并核实原碑拓片）曰：

唐故都督徐州五州诸军事徐州刺史临淄定公房公碑

易称："易之为书也，有天道焉，有人道焉。"故君子居则观其象，动则观其变，智以藏往，感而遂通。是以进退之数有方，存亡之几可定。昔贾生董相，怀王佐之才，子政子云，抱命世之道，并屯邅于世。故摈厌于当年，轶风电以长鸣，绝云霓而锻翮。而乐天知命，顺时守道，体忠信而夷险阻，凭清静以安悔吝。虽逝川寂其浸远，而盛德久而愈新。昔之玉质金相，求益友于千载，兰芳桂馥，想同气于九原，则有之矣。缅怀庶几之道，详观出处之迹，可以追踪胜业，继踵清尘者，其惟都督临淄定公焉。公讳彦谦，字孝冲，清河人也。七世祖谌，燕太尉掾，随慕容氏南度寓于齐土。宋元嘉中，分齐郡之西部置东冀州东清河郡绎幕县仍为此郡县人。至于蔺侯，又于东广川郡别立武强县，令子孙居之。丹陵诞圣，祥发庆灵，虞舜受终，光启侯服。导原注壑，若泻河汉之流，竦构干云，如仰嵩华之峻。汉司空植公之十三世祖也，积德固其宗祊，纯嘏贻其长世，公侯之门必复，繁衍之祚攸归。高祖法寿，宋大明中州主簿、武贲中郎将、魏郡太守，立功归魏，封壮武侯，使持节龙骧将军、东冀州刺史。薨，赠前将军青州刺史，谥蔄侯，《魏书》有列传。重价香名，驰声南北，宏材祕略，兼姿文武。曾祖伯祖州主簿，袭爵庄武侯，齐郡内史、幽州长史，仍行州事，衣锦训俗，露冕怀戎，累仁义而成基，处脂膏而不润。祖翼，年十六，郡辟功曹，州辟主簿，袭爵庄武伯，宋安太守。居继母忧，庐于墓次，世承家嫡之重，门贻旌表之贶。乡闾之敬，有过知耻；宗族所尊，不严而肃。父伯熊，年廿辟开府行参军，仍行本州清河、广川二郡太守事。风神英迈，器量沉远，寝门之内，捧檄以慰晨昏，山泽之间单车以清寇乱。公禀元精之和气，体淳粹之淑灵，心运天机，性与道合，温良恭俭，应言行之端，神采风尚，出仪形之表，博极图书，兼综遗逸，正经义训，时所留怀，绝简研几，下帷覃思，尽探隅隩，毕诣精微，或致元白之讥，非止春秋之僻。吉凶礼制，今古异同，莫不穷核根原，详悉指要。内外亲表、远之学徒负笈拥帚，质疑去惑，公凝神虚受函丈无倦，声来响答，山谷对盈自迁宅齐土，家已重世，班懿十纪，旌旗之盛未多；陈完八叶，鸣凤之祥斯在。况复里称冠盖，庭茂芝兰，行则结驷连骑，居则撞钟列鼎。虽范蠡货财本轻，

欧阳询隶书拓本《房彦谦碑》（局部）

卿相阴家仆、隶旧比封君不之过也。公闭心闲馆，以风素自居，清虚味道，沉冥寡欲，恭敬以撙节，退让以明礼，潜隐之操，始擅于州闾，高亮之风，日闻于海内。于是群公仰德，邦君致礼，物色斯辩旌节盈涂郡三辟功曹，州再辟主簿，其后不得已而从命。公明天人之际，述尧舜之道，其处也。将委质众妙之门，栖神不死之地，其出也。将宏奖名教，博利生民。舟楫可期，英灵有属，州郡之职非，其志焉。然公以周隋禅代之交，纪纲弛紊，亦既从政，便以治乱为怀，眷言州壤。在情弥切，乃整齐风俗。申明狱讼，进善黜恶，导德齐礼，虽在乡国，若处王朝。政教严明，吏民悦伏，见危拯难，临财洁己，利物之仁不自为德，不贪之宝，必畏人知。开皇初，频诏搜扬人物，秦王出至京洛，致书辟召，州县并苦相敦逼，公辞以痼疾，且得遂情偃仰。其后隋文帝忌惮英俊，不许晦迹邱园。公且权维萦，方应荐举。七年始入京省，授吏部承奉郎。是时齐朝资荫，不复称叙，鼎贵高门，俱从九品释褐。朝廷以公望实之重，才艺之优，故别有此授，以明则哲之举。俄迁监察御史，每杖节巡省，纠遫奸慝，心存公正，以变浇风。转授秦州总管录事参军事，汉阳重镇，京辅西门，管辖一方，允斯盛选。寻以朝集入京，与左仆射齐公总论考课之法，黜陟之方，齐公对岳牧以下，大相叹伏，其后具以公言敷奏。仍有十擢之辟，然非知己之主竟不能见用。左迁许州长葛县令，公镇之以清静，文之以礼乐，讼以道息，灾因德弭，百姓感悦，咸不忍欺，爱之如慈亲焉，敬之如明神焉。襁负知归，颂声载路，解代之后，吏民追思惠政，树碑颂德。在长葛秩未满，以考绩尤异，迁郾州司马。此州荆邓之郊，华夷踳杂，

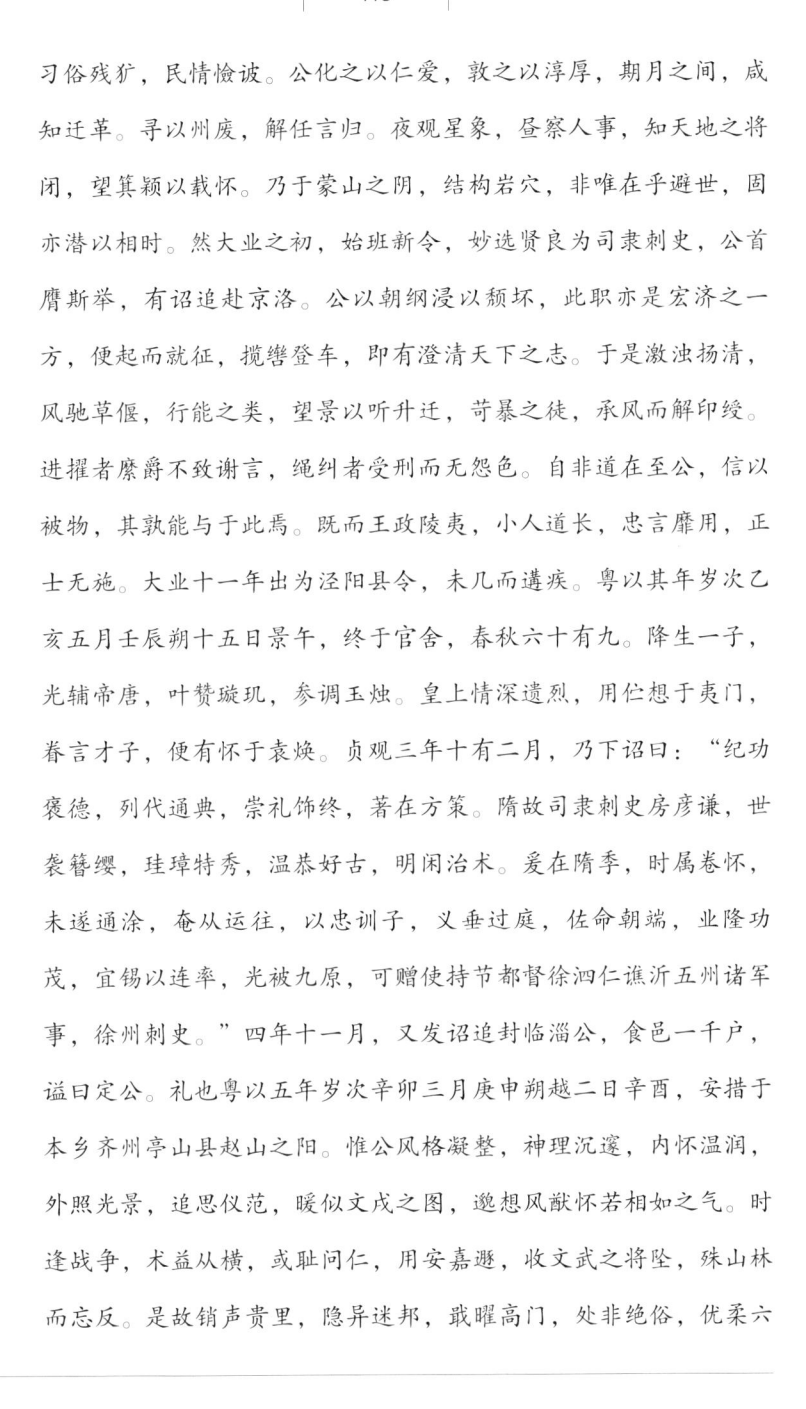

习俗残犷，民情憸诐。公化之以仁爱，敦之以淳厚，期月之间，咸知迁革。寻以州废，解任言归。夜观星象，昼察人事，知天地之将闭，望箕颖以载怀。乃于蒙山之阴，结构岩穴，非唯在乎避世，固亦潜以相时。然大业之初，始班新令，妙选贤良为司隶刺史，公首膺斯举，有诏追赴京洛。公以朝纲浸以颓坏，此职亦是宏济之一方，便起而就征，揽辔登车，即有澄清天下之志。于是激浊扬清，风驰草偃，行能之类，望景以听升迁，苛暴之徒，承风而解印绶。进擢者縻爵不致谢言，绳纠者受刑而无怨色。自非道在至公，信以被物，其孰能与于此焉。既而王政陵夷，小人道长，忠言靡用，正士无施。大业十一年出为泾阳县令，未几而遘疾。粤以其年岁次乙亥五月壬辰朔十五日景午，终于官舍，春秋六十有九。降生一子，光辅帝唐，叶赞璇玑，参调玉烛。皇上情深遗烈，用伫想于夷门，眷言才子，便有怀于袁焕。贞观三年十有二月，乃下诏曰："纪功褒德，列代通典，崇礼饰终，著在方策。隋故司隶刺史房彦谦，世袭簪缨，珪璋特秀，温恭好古，明闲治术。爰在隋季，时属卷怀，未遂通涂，奋从运往，以忠训子，义垂过庭，佐命朝端，业隆功茂，宜锡以连率，光被九原，可赠使持节都督徐泗仁谯沂五州诸军事，徐州刺史。"四年十一月，又发诏追封临淄公，食邑一千户，谥曰定公。礼也粤以五年岁次辛卯三月庚申朔越二日辛酉，安措于本乡齐州亭山县赵山之阳。惟公风格凝整，神理沉邃，内怀温润，外照光景，追思仪范，暖似文戌之图，邈想风猷怀若相如之气。时逢战争，术益从横，或耻问仁，用安嘉遁，收文武之将坠，殊山林而忘反。是故销声贵里，隐异迷邦，戢曜高门，处非绝俗，优柔六

房玄龄

艺，纷纶百氏，采绝代之阙文，总前修之博物。虽昔之明，实沈之崇识疏属之神，辩鼮鼠于汉朝，彰委蛇于霸业，无以尚也。雕虫小技，曾未去怀，时有制述，将符作者，致极宏远，词穷典丽，足以克谐声律，感召风云，岂唯白雪阳春，郢中寡和而已。永唯书契之始，乃眷号蹄伉之迹。草隶之妙，冠绝当时。爰自幼年孝友瑃惇至，未离襁褓，便遭极罚，裁有所识，谘访家人发言号绝，不自胜处。年十有五，出后傍宗，深帷鞠养之慈，将阙晨昏之礼，辞违之辰，感切行路，及就养左右，不异所生。两门丧纪，并逾制度，哀毁之至，声被朝野，兼以期功之感，甘旨未尝，朋友之丧，远近毕赴，人伦之纪，礼法之隆，近古以来，未之有也。且复留连宴赏，提携臭味，登山临水，必动咏言，清风朗月，未空樽酒，宾几满席且得王公之孙门阀常通时许慈明之御指困无倦。解裘未已仁义，云厚资产屡，空以斯器望，穷兹至道，谓宜俯拾青紫，增曜台阶，而止类太邱，宏道下邑，遽同子产，空闻遗爱，报施之理，何其爽欤。若夫死生者形骸之劳息，夭寿者大化之自然，固知命之不忧，岂居常而为累也。然行周于物，寒暑不能易其心，智周于身，变通不能穷其数。而灵祇多忍，幽明永隔，散精气于风烟，委容质于泉壤，可不哀哉。于是四方同志之士，百里怀音之客，式遵盛烈，共勒丰碑。百药爰以畴昔，妄游兰芷，宁谓正始之音，一朝长谢，师资之德，百舍无从，义绝宾阶，哀缠宿草，思效薄技，觊申万一。仰惟治身之术，立德之基，固系辞可以尽言，岂言之而无愧也。乃为铭粤：

退观方册，历选人伦，名固难假，德必有邻。颜闵遗迹，曾史芳尘，同声比义，允属通人。于铄通人，纂尧膺庆，司空规矩，民胥攸训。地灵贻福，天齐分命，世祚有征，重光无竟。显允君子，丕承宠光，灵河擢秀，日观含章。元门味道，幽谷迷方，陆沉通德，朝隐康庄。仪凤潜灵，雕龙振藻，宏之在人，一变至道。昭彰诰训，寂寥元草，文质彬彬，波澜浩浩。齐物无待，随时吐曜，导俗澄原，训民居要。州将贻喜，邦君长啸，乃眷韬钤，还归渔钓。三迳虽阻，八纮方密，俛俛末班，逶迤下秩。司宪邑宰，循名责实，御众以宽，在刑惟恤，履斯异行，乘此丕基，才高位下，有志无时。和光偶俗，诞命膺期，鹰扬投贾，唯兹在兹。树德不已，蹈仁无斁，遗构有冯，高门以辟。眷言上寿，方期永锡，载伫太阶，翻归厚夕。义高表墓，道贵扬名，式昭文物，用纪哀荣。抽簪故吏，制服诸生，一刊圜石，万代飞声。

济南市历城区
房彦谦墓全景

房玄龄

碑右侧题款三行：

太子右庶子安平男李百药撰

太子率更令渤海男欧阳询书

贞观五年三月二日树

碑阴上半部刻文：

公之将葬，恩旨重叠，赗赠优渥，特异恒御公及夫人，并令所司营造马舆，各给四马，从京师洛阳殡所送至本乡。其车辂仪仗出怀洛二州，给船载运，迎道人力至于墓所。所仪从钱币有阙乏者，又发敕令，以官物修补。又文官式令例无鼓角，亦特给送至于葬所。又于常令给墓夫之外，别加兵千功役。临葬日复降敕使驰驿祭以少牢。前后为送葬事，发敕旨行笔十有二条。近代以来，恩荣褒赠，未有若此者也。中外姻戚，海内名士，并故吏门生，千里赴会，爰及州里道俗二千余人。

第二节　齐州好友情义深

唐朝是以关陇贵族集团和山东英豪为基础建立的。房玄龄辅佐太宗，运用自己的智慧和人脉，有机地把两者结合了起来。而在建立唐朝的过程中，房玄龄故乡的英雄豪杰秦琼、房仁裕、程知节、罗士信、段志玄等，做出了巨大的贡献。

（一）传奇人物秦琼

秦琼（？—638），字叔宝，济南人，今五龙潭内有故居家祠。据1995年济南市博物馆清理发掘出土的《秦爱墓志铭》记载："（秦爱）

济南五龙潭秦琼祠

以大业十年十一月廿一日终于齐州历城县怀智里（今济南市经七纬六路一带）宅，春秋六十九。"秦爱即秦琼的父亲。

相传，秦琼武艺高强，他骑一匹黄骠马，使一对熟铜锏，"马踏黄河两岸，锏打山东六府"，广交天下朋友，有"小孟尝"的美誉。据《旧唐书·列传第十八》记载："大业中，为隋将来护儿帐内。"来护儿是隋炀帝征高句丽时的重要功臣，高傲无比，可是对秦琼却另眼看待。秦琼丧母，来护儿派专人前往吊唁，有人问原因，来护儿说："秦琼勇悍，并有志节，必能自取功名，怎么能因他官职低微而小看他呢？"

隋朝末年，天下大乱，秦琼在隋齐郡丞（副太守）张须陀麾下当校尉，随军大战贼帅卢明月于下邳（今江苏省邳州市）。当时，敌军众10万人，张须陀军只有1万人，力势不敌。张须陀退军时打算伏击敌人，询问众将谁敢迎敌，无人敢应，只有秦琼、罗士信愿往。张须陀命二人领千兵埋伏于芦苇中，当卢明月追来时，二人分头迎击，翻敌栅栏，杀入敌营，拔敌旗帜，放火焚栅，一时火光冲天，敌营大乱。卢明月退兵，张须陀率军大破之。秦琼因为前前后后的功绩被授建节尉。

大业十二年（616），秦琼又随张须陀大战李密于荥阳大海寺，战斗中张须陀战死。大业十四年（618），秦琼率领剩下的部队归附裴仁基，裴仁基投降了李密。李密得到秦琼后很高兴，封秦琼为帐内骠骑。后来，隋将宇文化及杀死隋炀帝引兵北上，李密与之在黎阳交战，交战中李密被暗箭所伤，坠于马下。秦琼击退宇文化及，在危难之中救出李密。后来，李密被杀后，秦琼又追随王世充在九曲（今河南省宜阳县西北）与唐军交战。秦琼、程知节二人认为王世充狡诈，不宜为主。于是，秦琼骑着自己的马前去向王世充告别，说："我自认为不能侍奉您，请让我现在告辞吧。"王世充不敢逼迫他，于是秦琼、程知节伺机投唐了。

武德三年（620），秦琼随李世民征伐刘武周、宋金刚，两军在美良川交战。秦琼作战智勇，战功最高，唐高祖李渊奖励其金瓶，说："你不顾妻子远来投我，又立功勋，我都愿意割我的肉给你，何况财物呢？"于是，封他为秦王右三统军。

武德四年（621），秦琼又于虎牢关大战窦建德。秦琼以精骑数十生擒窦建德，力促王世充投降。623年，秦琼又随李世民于洺水（今河北省曲周县东南）大破刘黑闼。

济南五龙潭秦琼故宅碑

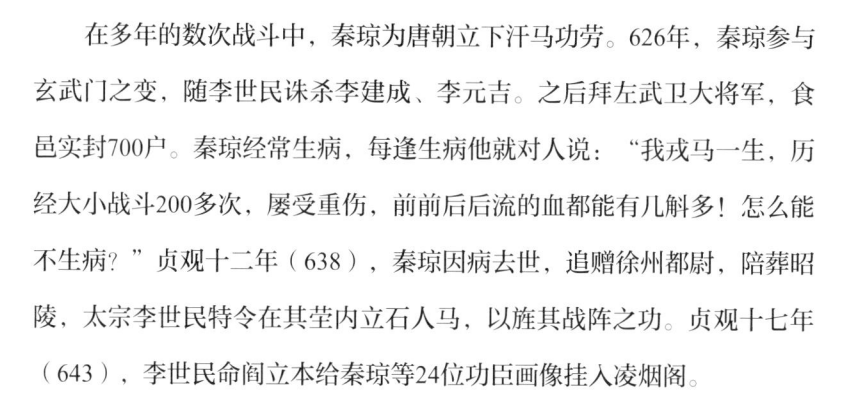

在多年的数次战斗中，秦琼为唐朝立下汗马功劳。626年，秦琼参与玄武门之变，随李世民诛杀李建成、李元吉。之后拜左武卫大将军，食邑实封700户。秦琼经常生病，每逢生病他就对人说："我戎马一生，历经大小战斗200多次，屡受重伤，前前后后流的血都能有几斛多！怎么能不生病？"贞观十二年（638），秦琼因病去世，追赠徐州都尉，陪葬昭陵，太宗李世民特令在其茔内立石人马，以旌其战阵之功。贞观十七年（643），李世民命阎立本给秦琼等24位功臣画像挂入凌烟阁。

据载，《秦爱墓志铭》铭文如下：

君讳爱，字季养，齐郡历城人。若夫华渚导其洪源，赵城开其累构，台铉相□，簪缨继轨，汉世功臣，简侯懋山河之绩，魏朝令望，中郎擅瑚琏之珍。名器并隆，徽猷无绝。祖孝达，魏广年县令。虽复鸣弦下邑，治丝之巧，未申制锦，良工操刀，之用方远。父方太，齐广宁王府记室。元瑜书记，德施文词，晋蕃伫其良规，魏后称其愈疾。世德攸归，诞生时彦。君幼禀仁孝，率性温恭。器度□远，津涯罕测，加以诚信待物，行义绝伦；由是淳笃之誉，闻于州里，群公藉甚，屡降旌招。齐咸阳王斛律武都，朝之上将，初开幕府，妙选贤良，乃召君为录事参军，礼接殊重，恩纪之深，群僚莫及。周武平齐，君乃告归乡里，值周隋之际，四海未壹；军书狎至，羽檄交驰。饰珠履以求贤，散黄金而招士。屡蒙辟引，皆无所就。静居衡巷，得性为娱；九聘之荣，弗概怀抱；一厘之内，宴处超然，当世贵臣，莫能干也；乡党长幼，爱而敬焉。方当远迹千里，光膺五福；岂谓尺波东逝，阋水不追；落晖西入，驰光无反；

房玄龄

秦爱墓志铭

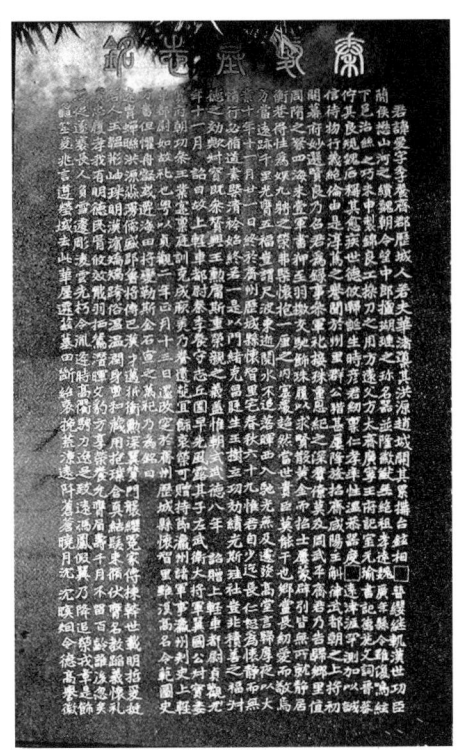

遽发高堂,言归厚夜,以大业十年十一月廿一日终于齐州历城县怀智里宅,春秋六十九。惟君自少迄长,仁恕为怀。静而无惰。行必循道。素概清衿,始终若一。是以门绪克昌,庭生玉树。立功效绩,光斯圭社。岂非积善之福,叔德之效欤!叔宝既参赞兴王,勋庸斯重。荣亲之义,盖惟朝式。武德八年,诏赠上轻车都尉。贞观元年十一月,诏曰:"故上轻车都尉秦季养,守志丘园,早先风露。其子左武卫大将军翼国公叔宝,委至府朝,功参王业,寔禀庭训,克成厥美。乃眷遗范,宜饰哀荣,可赠持节瀛州诸军事、瀛州刺史,上轻车都尉如故,礼也。粤以贞观二年正月十三日,还改窆于齐州历城县怀智里。虽复高名令范,图史方书;但惧舟壑或迁,海田将变。勒斯金石,宣之万祀。乃为铭曰:

远胄蝉联,洪源淼漫;儒盛邹鲁,将传巴汉。才迈折冲,勋深翼赞,门袭缨冕,家传栋干。世载明哲,爰挺若人;玉韫荆岫,珠明汉滨。矫矫跨俗,温温润身;禀和藏用,抱璞含真,结发束修,伏膺名教；蹈义怀礼，资忠履孝。我有明德，民胥攸效；羽栖鸳，潜晖文豹。方享荣养，允膺眉寿；千月不留，百龄谁后。忽矣浮促，遂襄长人；负雪遽□，凌云先朽。令胤逢时，高衢骋力；逸足致远，令德高誉，徽猷永传。冯风假翼。乃降追荣，戎章是饰，龟筮爰兆，言遵茔域。去此华屋，迁兹墓田；断绝哀挽，荒凉远阡。苍苍晓月，沉沉暝烟。

（二）唐初大将房仁裕

房仁裕，济南人，其七世祖与房彦谦同为房谌，是房景伯季弟房景远的后裔。按家族辈分排序，房仁裕为房玄龄的族叔，与房玄龄、房山基同时代而远较二人年轻，故其仕唐时间较两人更长。房仁裕在《旧唐书》《新唐书》无本传，《旧唐书》零散所记房仁裕的业绩只有两件：一是永徽四年（653）冬十月领兵征讨陈硕贞民变，另一件是龙朔二年（662）领衔议修礼仪。

济南市高新区清河太夫人（房仁裕母亲）墓全景

房玄龄

隋末，有几股有影响的势力，分别是占据关中的李渊集团、占据洛阳的王世充集团、以瓦岗为中心占据洛口的李密集团。在齐州房氏宗支房玄龄奔李世民、房山基奔李密之后，房仁裕投奔了王世充。但随着对王世充了解的加深，房仁裕明白了王世充"非真主"，不能成就大事。后来，房仁裕奔唐之后于李世民帐下屡立战功，死后定谥号曰"忠"，追赠兵部尚书。乾封二年（667），陪葬昭陵，时人恭称房仁裕为"房忠公"，崔融为此而撰《赠兵部尚书房忠公神道碑（并序）》，勒铭昭陵。此碑于1975年移入昭陵博物馆。

房仁裕母亲李氏——清河太夫人墓，位于济南市高新区孙村街道办事处西小龙堂村西南1000米。墓封土高2.5米，直径8.8米，墓内结构不详。墓碑高4.2米，螭首方座，碑刻篆书"唐陇西李氏清河太夫人墓之碑"，碑文阴刻楷书15行，碑身残缺，字迹多已漫漶。此碑于1979年9月3日被济南市人民政府公布为第一批市级文物保护单位。

（三）家喻户晓程知节

程知节，本名咬金，济南人。他少年骁勇，善用马矟，《隋唐演义》里则说他善用板斧。隋末，天下大乱，他为保乡里平安，主动聚徒数百以自卫。大业十三年（617），他率众与瓦岗军合并，任内军骠骑。次年，他随李密于偃师大战王世充。王世充偷袭单雄信营垒，李密命令程咬金与裴行俨一起增援单营。裴行俨率先驱马奔向敌军，被乱箭击中落马。程咬金驰马救人，王世充的追兵用长矟刺伤程咬金，程咬金怒夺敌矟，折为两段，砍杀敌人10余名，杀出血路救裴行俨回营。这次李密大败，王世充俘虏了程咬金，而且以优厚的条件招抚程咬金。但是，程咬金经过仔细观察发现，王世充性情多诈，好赌咒发誓，十分荒唐。他私下对秦琼说:"王世充气度浅狭,口多妄语,怎么会是拨乱靖难之人?"于是两人达成默契,欲择机走脱。

武德四年(621),王世充率军与唐军在九曲交战,秦琼、程咬金随从。到了汜水九曲(河南省宜阳县西北),二人在马上向王世充告别,说:"我们深受您的优待,总想报恩效力。但您性情猜忌,身旁又多煽动蛊惑之人,这里不是我们的托身之所,请求从此分别。"于是,二人策马扬鞭投唐,王世充不敢追。高祖李渊在长安热情地接待了他们,将他们划拨至李世民麾下,程咬金被任命为左三统军。武德三年(620),程咬金随军击败宋金刚,擒获窦建德,收降王世充。每次战斗,程咬金都冲杀在前,表现英勇。武德七年(624),太子李建成向高祖进谗言,程咬金被斥遣康州刺史。他拒不赴任,以保护秦王李世民。武德九年(626)六月初四,程咬金随从李世民参与玄武门之变,诛杀太子李建成和齐王李元吉。后拜太子右卫军,与长孙无忌等一起代袭刺史,改封卢国公。643年,加封镇军大将军。

麟德二年(665),程咬金去世,追授骠骑大将军、益州大都督,陪葬昭陵。

"大唐故骠骑大将军卢国公程使君墓志"盖拓片

(四)唐朝名将罗士信

说起唐朝名将罗士信,人们或许觉得陌生,而谈起罗成,人们却是如数家珍。在演义、评书、戏曲舞台上，以罗士信为原型而虚构的罗成形象深入人心。

罗士信，济南人，字公然，生于隋文帝仁寿三年（603）。隋炀帝大业七年（611），天下大乱，李勣、翟让在瓦岗（今河南省滑县）起义，张金称、高士达在清河（今河北省南宫市）起义，王薄在长白山（今山东省邹平市南，章丘、淄博间）起义。大业九年（613），齐郡丞张须陀同王薄交战。罗士信年纪尚小，在张须陀麾下任职，自请上阵杀贼。张须陀见他年少，怀疑他穿不住铠甲，轻视他。罗士信大怒，披上重甲上马，左右顾盼，张须陀才允许他击杀贼寇。罗士信手执长枪，驰入敌营，刺杀数人，取一人首级掷于空中，用枪挑着归队，敌众惊愕，一时不敢追来。张须陀见机挥师进攻。罗士信又重返战场，击杀无数。张须陀赞叹不已，厚加赠赏，并赠他马骑，安排他在身边重用。每次战斗时，张须陀率先冲锋，罗士信紧随其后，战无不克。隋炀帝听到了这件事，派大臣到阵慰问嘉勉，并诏令画师去画张须陀、罗士信的战阵图，传扬全军。

武德二年（619），罗士信不肯与王世充为伍，率千人投唐。相传，罗士信投唐时曾无理要求秦王李世民驮他入营，秦王爱将心切答应了，罗士信急忙跪地道："千岁折杀末将了！"李世民为其摆宴礼迎，高祖拜其为陕州道行军总管。

武德三年（620），秦王李世民讨伐王世充，进至洛阳北面的北邙山。罗士信随秦王大军至洛阳，他善用计谋，设下埋伏，大破王世充军。武德四年（621），秦王李世民率罗士信、秦琼等又击败声援王世充的窦建德，窦建德被俘，王世充投降。罗士信被授绛州（今山西省新绛县）总管，封郯国公。

同年，窦建德的部将刘黑闼在漳南起义，攻破冀州、洺州，秦王李世民、齐王李元吉奉命率军在洺水迎战。秦王李世民攻下一城后由王君廓戍守，不料敌人快速反攻，王君廓溃败。王君廓对诸位将领说道："谁能守住此城？"罗士信答道："我愿意来守城。"罗士信入城后，被敌人全力围攻。当时正在下雪，救援的军队不能前进，城池失陷了。刘黑闼想要招降罗士信，罗士信不愿屈服而被处死。秦王沉痛非常，为悼念他，封给他"勇"的谥号。

（五）唐朝骁将段志玄

唐朝开国名将段志玄（598—642），济南人，以勇武著称。他随秦王李世民南征北战、东讨西伐，屡立战功；他多次善施计谋、转败为胜，其跃马脱险的武功，堪为汉代"飞将军"李广再现，闻名四方。

段志玄自幼熟读兵法，酷爱练武，在太原随父拜见李世民。李世民爱将心切，热情接纳了他们。晋阳起兵时，段志玄招募乡勇千余人，追随李世民攻下霍邑（今山西省霍州市）、绛郡（今山西省新绛县），一路为先锋，作战勇猛，杀敌无数。

大业十四年（618），隋代王杨侑命大将军屈突通率军屯河东，以阻遏李渊军向京城逼近。屈突通部将桑显和与李渊军刘文静对阵，刘文静不幸中矢，李渊军溃败。危急关头，段志玄受命率20骑勇士冲入敌阵，砍杀数十名敌人。他的脚因中箭而流血不止，但他担心影响士气，就自己包扎伤口，强忍疼痛，秘而不宣，再次引兵上阵。桑显和不敌，节节败退；屈突通催马逃遁，后被生擒。

武德四年（621）春，李世民围攻王世充所驻洛阳。段志玄奉命攻打

房玄龄

段志玄像

王世充军。他闯入敌阵，左突右冲，不慎因马匹摔倒而被擒。两个骑兵挟持着他，揪着他的头发让他过河。段志玄趁敌人不注意，纵身起跳，坐上了敌人的马。两个骑兵猝不及防，摔落马下。段志玄挥鞭驰去，敌兵数百骑竟不敢追。等到李世民攻破窦建德，平定了洛阳，段志玄因战功居多升为秦王府右二护军。后来，太子李建成、齐王李元吉想以金帛拉拢他，他都拒而不纳，并密报李世民。再后来，段志玄参与了玄武门之变。后又多次升迁，担任左骁卫大将军，封樊国公，食邑实封900户。

贞观九年（635），唐太宗的皇后长孙氏去世。为确保丧事平安，唐太宗特下诏由段志玄、宇文士及分别统兵把守肃章门。太宗晚上派使者到两个将军处所，宇文士及打开营门让使者进入，段志玄却闭门不纳，并严肃地说："军门夜间不得开。"使者说："我有圣上敕令。"段志玄说："夜间不辨真伪，不可行。"直到天亮，他才下令将使者放行。太宗感叹地说："这是真正的将军啊。"

贞观十六年（642），段志玄患病，卧榻不起，太宗亲临探视，志玄涕泣不止。不久，段志玄去世，太宗闻讯，哀恸不已，追赠他为辅国大将军、扬州都督，陪葬昭陵，谥"忠壮"。

以房玄龄为代表的山东文臣武将，在隋唐风云变化之际，不甘寂寞

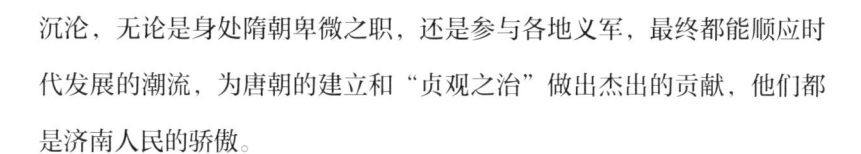

沉沦，无论是身处隋朝卑微之职，还是参与各地义军，最终都能顺应时代发展的潮流，为唐朝的建立和"贞观之治"做出杰出的贡献，他们都是济南人民的骄傲。

第三节　寻访名胜故乡情

在地方官员和故里乡亲的帮助下，房玄龄顺利地安葬了父亲，了却了作为儿女的一份心愿。自从18岁离开齐州，房玄龄已经多年未回故里。他对故乡的山山水水格外亲切。所以，他十分珍惜这次难得的时间和机会，趁此寻访和游览了故乡的风景名胜。

当时，房玄龄在地方官员和家乡父老的陪同下，参观了千佛山、灵鹫寺、趵突泉（泺水）、黄石崖造像、玉函山西佛峪摩崖造像，还瞻仰了叔父房豹生前建设的"房家园子"。

（一）千佛山

千佛山，位于济南市中心南部，海拔285米，占地166万平方米，与趵突泉、大明湖并称济南三大名胜。千佛山，古时称历山，相传远古时代的虞舜耕稼于此。不同的朝代又有不同的称谓：春秋时称靡笄山，战国时称靡山，南北朝称舜山、庙山、舜耕山，亦称迁祓山。隋开皇年间，依山势凿窟，雕佛像多尊，并建"千佛寺"，渐有"千佛山"之称。千佛山横列东西，蔚然深秀，从远处望去，松柏夹道，浓荫蔽日。自元代始，每年农历"三月三"和"九月九"重阳节，人们均会在千佛山举办庙会。1959年，千佛山被开辟为公园。主要景点有兴国禅寺、千佛崖、唐槐亭等。

千佛山全景图　赵经孝 / 摄

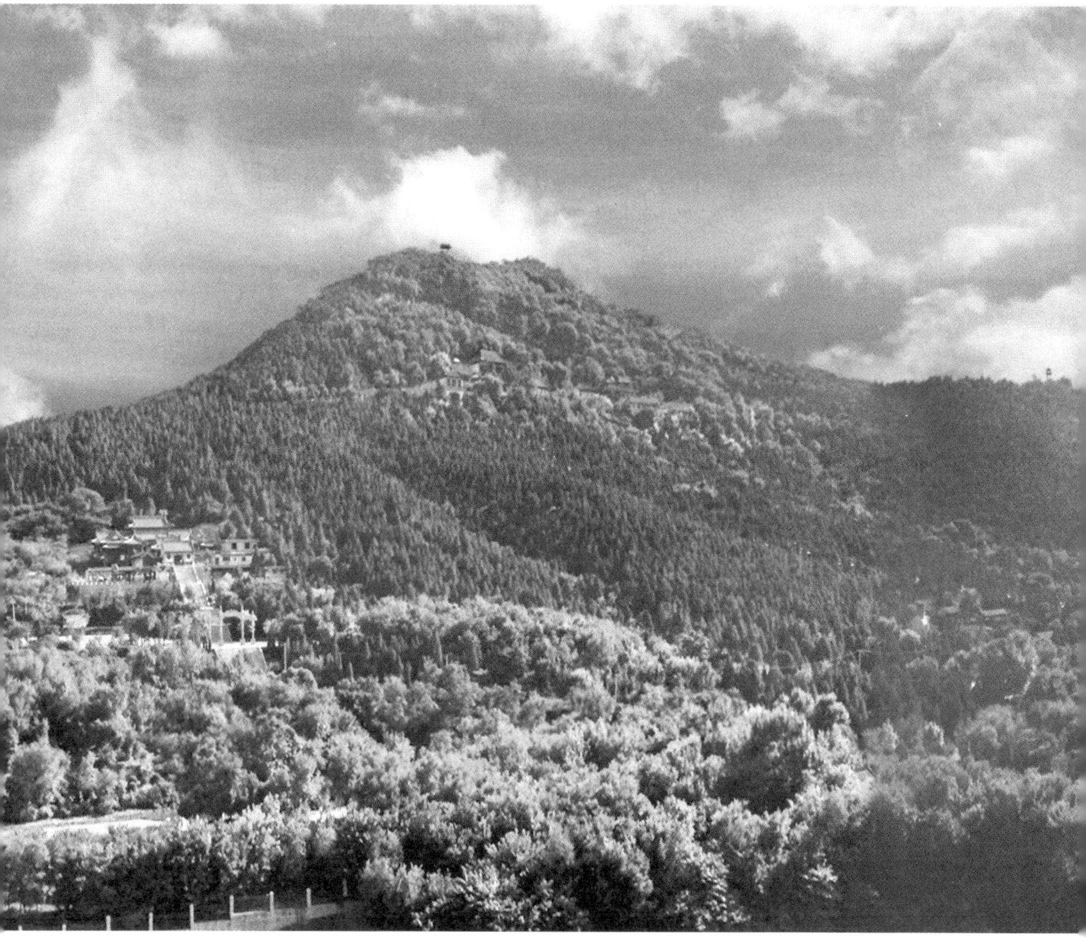

1. 兴国禅寺

兴国禅寺，位于千佛山阴山半腰，南依峭壁，北面泉城，是千佛山的主体建筑，创建于隋开皇年间，时称"千佛寺"。唐贞观年间，经扩建，改称为"兴国禅寺"。元末，毁于战乱，明成化四年（1468）修复，近年又多次整修。

大雄宝殿在寺院内东侧，坐东朝西，雄伟壮观。殿内正中莲花宝座上，供奉着佛祖释迦牟尼塑像，两侧菩萨、罗汉侍立，南北侧分别塑普贤、文殊菩萨和阿难、迦叶等十大弟子。释迦牟尼塑像背后，观世音菩塑像面东站立、左右侍童子。玉佛殿在大雄宝殿北侧，坐北朝南，殿中央佛龛内供释迦牟尼坐像，白玉石质，玉佛西侧佛龛内供奉地藏王菩萨。菩萨殿在大雄宝殿南侧，坐南朝北，中央佛龛内供观世音菩萨，东西两侧分别为地藏菩萨、千手观音菩萨。寺院中央有一座大殿。殿内，弥勒佛像迎山门趺坐，其背后，韦驮菩萨面东站立。

兴国禅寺

2. 千佛崖

千佛崖，亦称千佛岩。在千佛山兴国禅寺南侧的石崖上，自西向东，石崖上有多个洞窟，在洞内洞外和石崖上有隋开皇七年至十五年（587—595）所镌刻的大小坐立佛像，是济南地区雕凿历史较早的石窟造像群。主窟为极乐洞，其他各窟皆散落在洞外石壁上。有的高居壁顶，有的举手可及，有的一二尊成窟，有的三五尊成区，参差错落。这些佛像雕刻精致，刀法纯熟，线条流畅，体态丰腴，栩栩如生。有的身着棉衣，有的手拈莲花，有的凝神蹙眉，有的结跏趺坐，有的合掌禅定，神态各异，惟妙惟肖。

千佛崖

3. 唐槐亭

唐槐亭，位于千佛山腰盘道中途约200米的路北侧，因处登山盘路之半，亦名半山亭。亭西侧有一古槐，虽年代久远，却依然茂盛。相传，唐朝开国名将胡国公秦琼曾拴马于此，故世称"秦琼拴马槐"。唐槐亭

唐槐亭

因树得名。

据志书记载，这里原为纪念曾巩的曾巩祠。祠前，明朝正统年间曾立碑，对该祠做了详细记载。历经沧桑，此碑不知去向，久之，人们便将曾公祠误认为秦琼庙。中华人民共和国成立前，该建筑已经倾圮，1957年，人们在此废墟上建起了唐槐亭。此亭有16个丹柱，分为4行，宝顶飞檐，造型精美，玲珑剔透。亭周围以石栏，中设石桌石凳，人在其中甚感清凉，是休息观景的理想去处。亭南侧悬匾额，上题"唐槐亭"3个镏金大字，为当代著名书法家舒同于1981年夏手书。亭、槐、书法艺术融为一体，是千佛山独具特色的一大景观。

（二）灵鹫寺

灵鹫寺位于历城区唐冶街道西邢村，东距房彦谦墓约5千米。相传李世民率军东征，曾屯兵于此，见这里人杰地灵，便修筑了武圣堂，还亲手种下3棵国槐，以示纪念。后来某日午夜，李世民在武圣堂前沉沉睡去，忽听一阵奇异的叫声。他睁眼一看，见一只美丽的大鸟停留在武圣堂前，停栖片刻后扶摇直上。李世民认为是神灵显现，不久他又打了胜仗，于是重修武圣堂，并将其

灵鹫禅林

改名为灵鹫寺。后来几经修建，增修了禅门、憨师殿、佛爷殿，招纳僧侣，讲经供佛，命名灵鹫禅林。

灵鹫寺规模宏大，别具一格。总面积4万余平方米，分3个区域，除东西两处塔林占地2.7万多平方米外，庙宇占地1.3万多平方米，由5部分构成。西南方为学堂、至善堂和武圣堂；西北方为车马棚、草料场、木工间、盐店；中间寺庙主体由禅门、憨师殿、如来殿、观音殿、千佛大阁组成，并各自成院，相互连接，配厢房。建筑布局呈倒梯形，南窄北宽，全

灵鹫寺一隅

灵鹫寺后阁楼

寺殿之内各类佛像皆为木胎，共计百余，姿态各异，形象逼真。

2013年10月10日，灵鹫寺被山东省政府公布为第四批省级重点文物保护单位。

（三）趵突泉（泺水）

趵突泉，位于历下区趵突泉公园泺源堂前。《左传·桓公十八年》记载："公会齐侯于泺。"公元前694年，鲁桓公与齐襄公相会的史实，说明在那之前就有了"泺"这个名称了。北魏郦道元在《水经注》中写道："水出历城县故城西南，泉源上奋，水涌若轮。"

今趵突泉泉池呈长方形，长30米，宽18米，深2米。北临泺源堂，西傍观澜亭，东架来鹤桥，南有长廊围合。金代《名泉碑》、明代晏璧《七十二泉诗》和清代赫植恭《七十二泉记》均有著录。

据水文地质部门勘查，趵突泉地表向下8米，是第四纪砂砾、黏土层，8至80米为奥陶纪白云质石灰岩，在30米以上的大理岩中，裂隙、溶洞特别发育，这些裂隙、溶洞成为地下水集中和上升的通道。上升的地下水流从相距两三米的两个洞隙中涌出地面，成为趵突泉三股水中的南北两股；从北股洞隙中又分流出一股水，在靠近北股的南侧涌出地表，即为中间一股。该泉出露标高26.49米，恒温18℃。最大涌量每日达24万立方米。

清朝刘鹗《老残游记》载："池子正中间有三股大泉，从池底冒出，翻上水面有二三尺高。"据1982年地质出版社出版的《济南的泉水》载，1959年时趵突泉还能冒出二尺（约70厘米）多高，因为气势壮观，俗称"趵突腾空"。池中小泉颇多，水泡如泄珠玑，簇簇串串，飘飘悠悠，尤为壮观。趵突泉因景观奇特被古人列为"历城八景"之一，曾巩、元好问、赵孟頫、张养浩、王守仁、王士禛、蒲松龄等历代文人都曾对其有过赞咏。

济南趵突泉
李华文/摄

（四）黄石崖造像

黄石崖位于千佛山以南，相传秦时黄石公曾隐居在此，山腰处有一片裸露的石崖，远望呈暗黄色，故称"黄石崖"。崖上古有"乐缘寺"，时称"乐寺顶"，又名"螺丝顶"。崖前为一天然石台，长约30米，上方悬崖探出，状如披厦，下方陡壁上罗列大量造佛像和石窟佛龛。据题记记载，造像是北魏正光四年（523）到东魏兴和二年（540）的作品，造像者施主与发起者的身份有中下级地方官吏，也有僧尼和信众。所雕佛像高者1.6米，小者仅20余厘米，皆秀骨清姿，宽袍大袖，脸瘦长，昂眉、杏眼、直鼻，鼻垂呈三角形，底平无孔，两耳垂与下颌平，口角上翘，含笑意。衣纹流转自如，遒劲有力。胁侍菩萨或梳高髻或戴花瓣冠，面目特征与佛像同。崖壁上有飞天形象，皆为平面线刻薄雕，多已损泐，仅有几处尚可辨察；瘦脸、长颈、细腰，长带飘拂，飞云流转，颇为生动。佛龛多为尖拱。拱额有火焰、唐草、飞天、供养者、佛传图等装饰。黄石崖造像与洛阳龙门石窟一脉相承，属北

黄石崖造像

魏后期的雕塑体系。其造像题记都为正书，苍古朴拙，含有较多的隶书韵味。

（五）玉函山西佛峪摩崖造像

玉函山位于济南市市中区的分水岭东南，该山主峰海拔523米，是泰山北麓较高的峰峦之一。据《太平广记》载："昔汉武帝登此山，得玉函，长五寸，帝下山，玉函忽化为白鸟飞去。"因而得名。

造像位于玉函山东北至西南走向的崖面上，俗名西佛峪。玉函山西佛峪造像上下共分5层，第一层有11尊，第二层有26尊，第三层有8尊，第四层有32尊，第五层有13尊。佛像高者达130厘米、矮者仅15厘米。现存佛像90余尊，题记共计16则，其中有隋代题记8则，最早的为隋开皇四年（584），最晚的是开皇二十年（600）。

玉函山西佛峪造像集中在隋朝开皇年间，与济南地区北魏晚期的

玉函山西佛峪摩崖造像

玉函山第24龛菩萨像　　　玉函山第28龛菩萨像

摩崖龛窟造像相比，有了一些变化，体现了隋朝初年济南地区造像的一些特点。比如，佛像头部比例一般较大，面相丰圆，身躯丰满，肩部厚实，近于平肩，衣饰较简洁，均为双领下垂袈裟。菩萨面相柔和，嘴角含笑，身躯趋于修长，腹部微微鼓出，衣纹简洁，璎珞及串珠饰物也有了变化，像斜挎在身上的长串珠饰，应该算是隋代菩萨装饰的一个特点。另外，菩萨像还保留了一些北朝造像的特点，特别是披帛下摆腹前交叉、穿璧，在大多数的玉函山菩萨像中均可见到。

从题记来看，玉函山造像的内容比较丰富，有释迦牟尼像、弥勒佛、阿弥陀佛、观世音菩萨等。

（六）房家园子

齐博陵君豹，即房玄龄祖父房雄胞弟房豹，他曾任北齐博陵太守，以清静无为之旨理政，正声隆盛，因此人称"博陵君"，房家园子即房

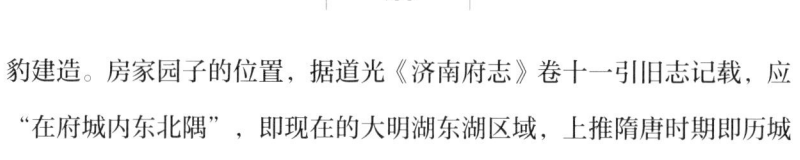

豹建造。房家园子的位置，据道光《济南府志》卷十一引旧志记载，应"在府城内东北隅"，即现在的大明湖东湖区域，上推隋唐时期即历城的北郭之内、东城北侧。

房豹曾自豪地称"昔季伦金谷山泉，何必逾此"，金谷园是西晋石崇的别墅，面积之广，装饰之豪，史上有名。房豹既自诩房家园超越金谷园，段成式亦云房家园子"泉石崇邃"，可见房家园子的规模的确不小，估计也有"柏木几于万株"这样的规模。

第四节　房玄龄生活花絮

房玄龄主要的业绩在《旧唐书》《新唐书》中都有记载，而在民间还广泛流传着与他有关的故事。

（一）卢氏刺目明志

房玄龄的妻子卢氏性情刚烈，秉性善良。房玄龄在仕隋期间，生活落魄，卢氏不离不弃，与丈夫同甘共苦。一次，房玄龄得了重病。他把妻子叫到床前，拉着她的手说："我这病怕是治不好了，你还年轻，不宜守寡，希望你能好好侍奉以后的丈夫。"卢氏十分感动，泪流满面，她一言不发，默默地走到帷帐里面，拔下头上的一根银簪，朝自己的左眼猛地刺去，血流满面。病重的房玄龄惊得出了一身冷汗，他忽地坐起来，说道："夫人，你这是做什么！"卢氏一手捂目，强忍悲痛，跪倒在丈夫床前，说道："你我结发以来，情笃谊厚，夫君如有不测，妾绝不再嫁他人，故自毁一目，以明吾志！"房玄龄不禁捶床大哭，命人速将妻子扶出请郎中医治。

之后,房玄龄对卢氏愈发敬畏,二人恩爱终生。

(二)吃醋的故事

有关房玄龄"畏见其妻"的记载,见于唐人刘悚的《隋唐嘉话》:"梁公夫人至妒,太宗将赐公美人,屡辞不受。帝乃令皇后召夫人,告以媵妾之流,今有常制,且司空年暮,帝欲有所优诏之意。夫人执心不回。帝乃令谓之曰:'若宁不妒而生,宁妒而死?'曰:'妾宁妒而死。'乃遣酌卮酒与之,曰:'若然,可饮此鸩。'一举便尽,无所留难。帝曰:'我尚畏见,何况于玄龄!'"

这则故事的大意是:房玄龄的夫人嫉妒心极强,唐太宗打算赏赐给房玄龄美人,房玄龄屡次辞谢不接受。太宗皇帝便命皇后召见卢氏,告诉她:"侍妾之事,如今朝廷有规定。况且司空(房玄龄官称)年纪大了,皇帝打算予以优待。"卢氏听后,执意不改。于是,太宗便吓唬她:"你是愿意不再嫉妒而活着呢,还是愿意为嫉妒而去死呢?"卢氏回答道:"我宁愿为嫉妒而去死。"太宗听后,派人送来一杯"酒"给她,说道:"如果是这样的话,你可以喝了这杯'毒酒'。"卢氏举杯一饮而尽,毫无畏惧。太宗见状感慨地说:"(卢氏)如此刚烈,我看见都感到惧怕,何况是老实的房玄龄呢!"其实太宗让她喝的不是"毒酒",而是醋,这也是民间"吃醋"典故由来的版本之一。

结 语

人虽远逝名流芳

房玄龄

人虽远逝名流芳

一代名相房玄龄，于贞观二十二年（648）七月二十四日走完了他光辉的人生旅程。巨星陨落，山河同悲。

昭陵是唐太宗为自己预修的陵墓，位于陕西省礼泉县县城西北22.5千米的九嵕山上。唐代实行的功臣陪葬制，起自唐高祖李渊的献陵，但是形成制度并颁定明诏是在贞观时期。贞观十一年（637）二月，唐太宗下诏："自今已后，功臣密戚及德业佐时者，如有薨亡，宜赐茔地一所，及以秘器，使窀穸之时，丧事无阙。所司依此营备，称朕意焉。"同年十月，太宗又"诏勋戚亡者皆陪葬山陵"。对此，胡三省注释说："凡功臣密戚请陪陵葬者听之，以文武分为左右而列。"关于昭陵陪葬的数量，文献记载差别较大。据宋人王溥《唐会要》卷二十一所载，陪葬墓有150余座。现知昭陵陪葬墓有180余座，其中以功臣占大多

陕西省礼泉县房玄龄墓鸟瞰

陕西省礼泉县昭陵陵区房玄龄简介、刻像

数，还包括部分少数民族将领，这反映了唐太宗对辅弼重臣的荣宠，体现了他君臣共治天下的思想。

房玄龄身后陪葬昭陵，由褚遂良书《房玄龄碑》。

房玄龄18岁时，就离开了生育、滋养他的齐州大地，把全部力量和智慧都奉献给了大唐伟业，鞠躬尽瘁，恪尽职守。在他辅佐唐太宗的几十年时间里，君臣协力，上下同心，国家初步实现国泰民安、繁荣富强，创造出我国历史上享有盛誉的"贞观之治"。房玄龄为唐初的政治、经济、法制、文化、教育事业做出了杰出的贡献，是古代良相的杰出代表；同时，也为中华房氏争得了荣耀。房氏后人都为房玄龄而骄傲，以他为楷模！天下房氏尤其是房玄龄故里的后人，没有忘记这位济南走出去的大唐名相；济南市乃至山东省有关部门亦十分重视宣传优秀传统文化，宣传历代名人。我辈当奋发图强，使房玄龄故乡的明天更加

陕西省礼泉县
房玄龄墓

辉煌灿烂。

陕西省礼泉县房玄龄墓，由于自然侵蚀，年久失修，墓室坍陷，一片荒芜。2011年8月，在当地政府的支持和全球房氏后人的捐助下，房玄龄墓得以初步修缮。房玄龄故里的齐鲁房氏各界代表捐款并参加了房玄龄墓修缮竣工仪式。

2014年，山东省社会科学界联合会、山东省齐鲁文化研究院、齐鲁晚报等单位授予齐州房氏"齐鲁文化世家"称号。山东省历史悠久，幅员辽阔，人杰地灵，齐州房氏能够入选"齐鲁文化世家"，实属不易。主办单位规定：入选"齐鲁文化世家"的应为山东历史上在政治、社会、思想、学术、文学、艺术等方面有代表性的文化家族；家族中应有在中国文化史上产生重大影响的代表人物；家族发展的兴盛时期，曾对时代社会和文化产生过重大影响；应是家族兴旺、功名显赫、人才辈出、延时较长的家族。这次入选"齐鲁文化世家"的有孔氏、孟氏、颜

房彦谦历史文化公园一隅

氏、嘉祥曾氏、琅琊诸葛氏、齐州房氏等28家。齐州房氏之所以能入选"齐鲁文化世家",固然与房谌(在南迁齐州后)的后代人中人才辈出有关,同时也和房玄龄的杰出贡献密不可分!

2018—2019年,山东省文物局、济南市文物局、历城区政府、彩石街道办事处多方联手,以房彦谦墓为中心,建成房彦谦历史文化公园。房彦谦墓的得力保护及公园的建设,不仅与房彦谦的廉洁口碑、《房彦谦碑》书法的重要性有关,更与房玄龄身为贞观名相、享有崇高威望有重要关系,这也是故乡政府和人民对隋朝第一能吏房彦谦、唐初名相房玄龄的崇高褒奖!

房玄龄——济南走出的盛世名相,数十年如一日,兢兢业业,恪尽职守,为唐初的政治、经济和文化事业发展,为创建"贞观之治"做出了杰出的贡献,为济南赢得了荣耀,故乡人民永远怀念他!

附 一

《隋书·房彦谦传》

房彦谦字孝冲，本清河人也。七世祖谌，仕燕太尉掾，随慕容氏迁于齐，子孙因家焉。世为著姓。高祖法寿，魏青、冀二州刺史，壮武侯。曾祖伯祖，齐郡、平原二郡太守，祖翼，宋安太守，并世袭爵壮武侯。父熊，释褐州主簿，行清河、广川二郡守。彦谦早孤，不识父，为母兄之所鞠养。长兄彦询，雅有清鉴，以彦谦天性颖悟，每奇之，亲教读书。年七岁，诵数万言，为宗党所异。十五，出后叔父子贞，事所继母，有逾本生，子贞哀之，抚养甚厚。后丁所继母忧，勺饮不入口者五日。事伯父乐陵太守豹，竭尽心力，每四时珍果，口弗先尝。遇期功之戚，必蔬食终礼，宗从取则焉。其后受学于博士尹琳，手不释卷，遂通涉五经。解属文，工草隶，雅有词辩，风概高人。年十八，属广宁王孝珩为齐州刺史，辟为主簿。时禁网疏阔，州郡之职尤多纵弛。及彦谦在职，清简守法，州境肃然，莫不敬惮。及周师入邺，齐主东奔，以彦谦为齐州治中。彦谦痛本朝倾覆，将纠率忠义，潜谋匡辅。事不果而止。齐亡，归于家。周帝遣柱国辛遵为齐州刺史，为贼帅辅带剑所执。彦谦以书谕之，带剑惭惧，送遵还州，诸贼并各归首。

及高祖受禅之后，遂优游乡曲，誓无仕心。开皇七年，刺史韦艺固荐之，不得已而应命。吏部尚书卢恺一见重之，擢授承奉郎，俄迁监察御史。后属陈平，奉诏安抚泉、括等十州，以衔命称旨，赐物百段，米百石，衣一袭，奴婢七口。迁秦州总管录事参军。尝因朝集，时左仆射高颎定考课，彦谦谓颎曰："书称三载考绩，黜陟幽明，唐、虞以降，代有其法。黜陟合理，褒贬无亏，便是进必

《四库全书》本《隋书·房彦谦传》书影

得贤,退皆不肖。如或舛谬,法乃虚设。比见诸州考校,执见不同,进退多少,参差不类。况复爱憎肆意,致乖平坦,清介孤直,未必高名,卑谄巧官,翻居上等。直为真伪混淆,是非瞀乱。宰贵既不精练,斟酌取舍,曾经驱使者,多以蒙识获成,未历台省者,皆为不知被退。又四方悬远,难可详悉,唯量准人数,半破半成。徒计官员之少多,莫顾善恶之众寡,欲求允当,其道无由。明公鉴达幽微,平心遇物,今所考校,必无阿枉。脱有前件数事,未审何以裁之?唯愿远布耳目,精加采访,褒秋毫之善,贬纤介之恶。非直有光至治,亦足标奖贤能。"词气侃然,观者属目。颎为之动容,深见嗟赏,因历问河西、陇右官人景行,彦谦对之如响。颎顾谓诸州总管、刺史曰:"与公言,不如独与秦州考使语。"后数日,颎言于上,上弗能用。以秩满,迁长葛令,甚有惠化,百姓号为慈父。仁寿中,上令持节使者巡行州县,察长吏能不,以彦谦为天下第一,超授鄀州司马。吏民号哭相谓曰:"房明府今去,吾属何用生为!"其后百姓思之,立碑颂德。鄀州久无刺史,州务皆归彦谦,名有异政。

内史侍郎薛道衡,一代文宗,位望清显,所与交结,皆海内名贤。重彦谦为人,深加友敬,乃兼襄州总管,辞翰往来,交错道路。炀帝嗣位,道衡转牧番州,路经彦谦所,留连数日,屑涕而别。黄门侍郎张衡,亦与彦谦相善。于时帝营东都,穷极侈丽,天下失望。又汉王构逆,罹罪者多。彦谦见衡当涂而不能匡救,以书谕之曰:

窃闻赏者所以劝善,刑者所以惩恶,故疏贱之人,有善必赏,

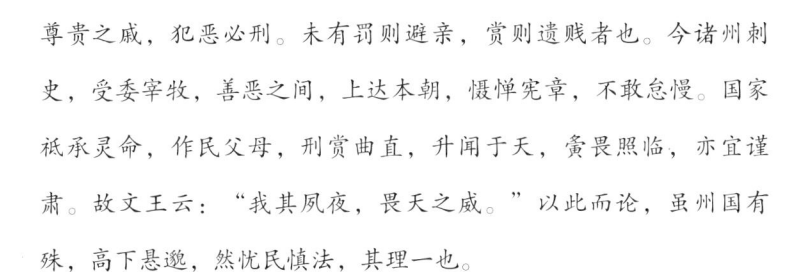

尊贵之威，犯恶必刑。未有罚则避亲，赏则遗贱者也。今诸州刺史，受委宰牧，善恶之间，上达本朝，慑悼宪章，不敢怠慢。国家祗承灵命，作民父母，刑赏曲直，升闻于天，禽畏照临，亦宜谨肃。故文王云："我其夙夜，畏天之威。"以此而论，虽州国有殊，高下悬邈，然忧民慎法，其理一也。

至如并州衅逆，须有甄明。若杨谅实以诏命不通，虑宗社危逼，征兵聚众，非为干纪，则当原其本情，议其刑罚，上副圣主友于之意，下晓愚民疑惑之心；若审知内外无虞，嗣后纂统，而好乱乐祸，妄有觊觎，则管、蔡之诛，当在于谅，同恶相济，无所逃罪，枭悬孥戮，国有常刑。其间乃有情非协同，力不自固，或被拥逼，沦陷凶威，遂使籍没流移，恐为冤滥。恢恢天网，岂其然乎？罪疑从轻，斯义安在？昔叔向置鬻狱之死，晋国所嘉，释之断犯跸之刑，汉文称善。羊舌宁不爱弟，廷尉非苟违君，但以执法无私，不容轻重。

且圣人大宝，是曰神器，苟非天命，不可妄得。故蚩尤、项籍之骁勇，伊尹、霍光之权势，李老、孔丘之才智，吕望、孙武之兵术，吴、楚连磐石之据，产、禄承母后之基，不应历运之兆，终无帝王之位。况乎蕞尔一隅，蜂扇蚁聚，杨谅之愚鄙，群小之凶慝，而欲冯陵畿甸，觊幸非望者哉！开辟以降，书契云及，帝皇之迹，可得而详。自非积德累仁，丰功厚利，孰能道洽幽显，义感灵祇。是以古之哲王，昧旦丕显，履冰在念，御朽竞怀。逮叔世骄荒，曾无戒惧，肆于民上，骋嗜奔欲，不可具载，请略陈之。

曩者齐、陈二国，并居大位，自谓与天地合德，日月齐明，

房玄龄

罔念忧虞，不恤刑政。近臣怀宠，称善而隐恶，史官曲笔，掩瑕而录美。是以民庶呼嗟，终闭塞于视听，公卿虚誉，日敷陈于左右。法网严密，刑辟日多，徭役烦兴，老幼疲苦。昔郑有子产，齐有晏婴，楚有叔敖，晋有士会。凡此小国，尚足名臣，齐、陈之疆，岂无良佐？但以执政壅蔽，怀私徇躯，忘国忧家，外同内忌。设有正直之士，才堪干持，于己非宜，即加摈压；倘遇谄佞之辈，行多秽匿，于我有益，遽蒙荐举。以此求贤，何从而至！夫贤材者，非尚膂力，岂系文华，唯须正身负戴，确乎不动。譬栋之处屋，如骨之在身，所谓栋梁骨鲠之材也。齐、陈不任骨鲠，信近谗谀，天高听卑，监其淫僻，故总收神器，归我大隋。向使二国祗敬上玄，惠恤鳏寡，委任方直，斥远浮华，卑菲为心，恻隐为务，河朔强富，江湖险隔，各保其业，民不思乱，泰山之固，弗可动也。然而寝卧积薪，宴安鸩毒，遂使禾黍生庙，雾露沾衣，吊影抚心，何嗟及矣！故诗云："殷之未丧师，克配上帝。宜鉴于殷，骏命不易。"万机之事，何者不须熟虑哉！

伏惟皇帝望云就日，仁孝凤彰，锡社分珪，大成规矩。及总统淮海，盛德日新，当璧之符，遐迹金属。赞历甫尔，宽仁已布，率土苍生，翘足而喜。并州之乱，变起仓卒，职由杨谅诡惑，诖误吏民，非有构怨本朝，弃德从贼者也。而有司将帅，称其愿反，非止诬陷良善，亦恐大点皇猷。足下宿当重寄，早预心膂，粤自藩邸，柱石见知。方当书名竹帛，传芳万古，稷、契、伊、吕，彼独何人？既属明时，须存謇谔，立当世之大诫，作将来之宪范。岂容曲顺人主，以爱亏刑，又使胁从之徒，横贻罪谴？忝蒙眷遇，辄写微诚，野人愚瞽，不知忌讳。

衡得书叹息，而不敢奏闻。

彦谦知王纲不振，遂去官隐居不仕，将结构蒙山之下，以求其志。会置司隶官，盛选天下知名之士。朝廷以彦谦公方宿著，时望所归，征授司隶刺史。彦谦亦慨然有澄清天下之志，凡所荐举，皆人伦表式。其有弹射，当之者曾无怨言。司隶别驾刘炬，陵上侮下，讦以为直，刺史惮之，皆为之拜。唯彦谦执志不挠，亢礼长揖，有识嘉之。炬亦不敢为恨。

大业九年，从驾渡辽，监扶余道军。其后隋政渐乱，朝廷靡然，莫不变节。彦谦直道守常，介然孤立，颇为执政者之所嫉。出为泾阳令。未几，终于官，时年六十九。

彦谦居家，每子侄定省，常为讲说督勉之，亹亹不倦。家有旧业，资产素殷，又前后居官，所得俸禄，皆以周恤亲友，家无余财，车服器用，务存素俭。自少及长，一言一行，未尝涉私，虽致屡空，怡然自得。尝从容独笑，顾谓其子玄龄曰："人皆因禄富，我独以官贫。所遗子孙，在于清白耳。"所有文笔，恢廓闲雅，有古人之深致。又善草隶，人有得其尺牍者，皆宝玩之。太原王邵，北海高构，蓨县李纲，河东柳彧、薛孺，皆一时知名雅澹之士，彦谦并与为友。虽冠盖成列，而门无杂宾。体资文雅，深达政务，有识者咸以远大许之。初，开皇中，平陈之后，天下一统，论者咸云将致太平。彦谦私谓所亲赵郡李少通曰："主上性多忌克，不纳谏争。太子卑弱，诸王擅威，在朝唯行苛酷之政，未施弘大之体。天下虽安，方忧危乱。"少通初谓不然，及仁寿、大业之际，其言皆验。大唐驭宇，追赠徐州都督、临淄县公。谥曰定。

史臣曰：大厦云构，非一木之枝，帝王之功，非一士之略。长短殊用，大小异宜，榱桷栋梁，莫可弃也。李谔等或文能遵义，或才足干时，识用显于当年，故事留于台阁。参之有隋多士，取其开物成务，皆廊庙之榱桷，亦北辰之众星也。

附 二

《旧唐书·房玄龄传》

房乔字玄龄,齐州临淄人。曾祖翼,后魏镇远将军、宋安郡守,袭壮武伯。祖熊,字子□,释褐州主簿。父彦谦,好学,通涉五经,隋泾阳令,《隋书》有传。

玄龄幼聪敏,博览经史,工草隶,善属文。尝从其父至京师,时天下宁晏,论者咸以国祚方永,玄龄乃避左右告父曰:"隋帝本无功德,但诳惑黔黎,不为后嗣长计,混诸嫡庶,使相倾夺,储后藩枝,竞崇淫侈,终当内相诛夷,不足保全家国。今虽清平,其亡可翘足而待。"彦谦惊而异之。年十八,本州举进士,授羽骑尉。吏部侍郎高孝基素称知人,见之深相嗟挹,谓裴矩曰:"仆阅人多矣，未见如此郎者。必成伟器，但恨不睹其耸壑凌霄耳。"父病绵历十旬，玄龄尽心药膳，未尝解衣交睫。父终，酳饮不入口者五日。后补羁城尉。

会义旗入关，太宗徇地渭北，玄龄杖策谒于军门，温彦博又荐焉。太宗一见，便如旧识，署渭北道行军记室参军。玄龄既遇知己，罄竭心力，知无不为。贼寇每平，众人竞求珍玩，玄龄独先收人物，致之幕府。及有谋臣猛将，皆与之潜相申结，各尽其死力。

既而隐太子见太宗勋德尤盛，转生猜间。太宗尝至隐太子所，食，中毒而归，府中震骇，计无所出。玄龄因谓长孙无忌曰："今嫌隙已成，祸机将发，天下恟恟，人怀异志。变端一作，大乱必兴，非直祸及府朝，正恐倾危社稷。此之际会，安可不深思也！仆有愚计，莫若遵周公之事，外宁区夏，内安宗社，申孝养之礼。古人有云，'为国者不顾小节'，此之谓欤。孰若家国沦亡，身名俱灭乎？"无忌曰："久怀此谋，未敢披露，公今所说，深会宿心。"无忌乃入白之。太宗召玄龄谓曰："贴危之兆，其迹已见，将若之何？"对曰："国家患难，今古何殊。自非睿圣钦明，不能安辑。大王功盖天地，事钟压纽，神赞所在，匪藉人谋。"因与府属杜如晦同心戮力。仍随府迁授秦王府记室，封临淄侯；又以本职兼陕东道大行台考功郎中，加文学馆学士。玄龄在秦府十余年，常典管记，每军书表奏，驻马立成，文约理赡，初无稿草。高祖尝谓侍臣曰："此人深识机宜，足堪委任。每为我儿陈事，必会人心，千里之外，犹对面语耳。"隐太子以玄龄、如晦为太宗所亲礼，甚恶之，谮之于高祖，由是与如晦并被驱斥。

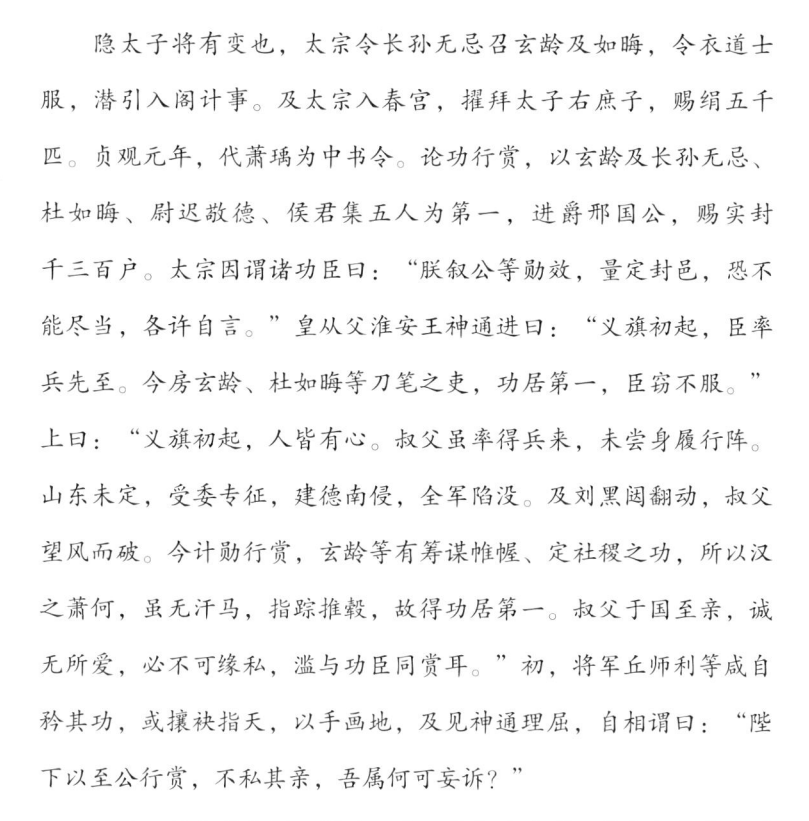

隐太子将有变也，太宗令长孙无忌召玄龄及如晦，令衣道士服，潜引入阁计事。及太宗入春宫，擢拜太子右庶子，赐绢五千匹。贞观元年，代萧瑀为中书令。论功行赏，以玄龄及长孙无忌、杜如晦、尉迟敬德、侯君集五人为第一，进爵邢国公，赐实封千三百户。太宗因谓诸功臣曰："朕叙公等勋效，量定封邑，恐不能尽当，各许自言。"皇从父淮安王神通进曰："义旗初起，臣率兵先至。今房玄龄、杜如晦等刀笔之吏，功居第一，臣窃不服。"上曰："义旗初起，人皆有心。叔父虽率得兵来，未尝身履行阵。山东未定，受委专征，建德南侵，全军陷没。及刘黑闼翻动，叔父望风而破。今计勋行赏，玄龄等有筹谋帷幄、定社稷之功，所以汉之萧何，虽无汗马，指踪推毂，故得功居第一。叔父于国至亲，诚无所爱，必不可缘私，滥与功臣同赏耳。"初，将军丘师利等咸自矜其功，或攘袂指天，以手画地，及见神通理屈，自相谓曰："陛下以至公行赏，不私其亲，吾属何可妄诉？"

三年，拜太子少师，固让不受，摄太子詹事，兼礼部尚书。明年，代长孙无忌为尚书左仆射，改封魏国公，兼修国史。既任总百司，虔恭夙夜，尽心竭节，不欲一物失所。闻人有善，若己有之。明达吏事，饰以文学，审定法令，意在宽平。不以求备取人，不以己长格物，随能收叙，无隔卑贱。论者称为良相焉。或时以事被谴，则累日朝堂，稽颡请罪，悚惧踧踖，若无所容。九年，护高祖山陵制度，以功加开府仪同三司。十一年，与司空长孙无忌等十四人并代袭刺史，以本官为宋州刺史，改封梁国公，事竟不行。

十三年，加太子少师，玄龄频表请解仆射，诏报曰："夫选贤之义，无私为本；奉上之道，当仁是贵。列代所以弘风，通贤所以协德。公忠肃恭懿，明允笃诚。草昧霸图，绸缪帝道。仪刑黄阁，庶政惟和；辅翼春宫，望实斯著。而忘彼大体，徇兹小节，虽恭教谕之职，乃辞机衡之务，岂所谓弼予一人，共安四海者也？"玄龄遂以本官就职。时皇太子将行拜礼，备仪以待之，玄龄深自卑损，不敢修谒，遂归于家。有识者莫不重其崇让。玄龄自以居端揆十五年，女为韩王妃，男遗爱尚高阳公主，实显贵之极，频表辞位，优诏不许。十六年，又与士廉等同撰《文思博要》成，锡赉甚优。进拜司空，仍综朝政，依旧监修国史。玄龄抗表陈让，太宗遣使谓之曰："昔留侯让位，窦融辞荣，自惧盈满，知进能退，善鉴止足，前代美之。公亦欲齐踪往哲，实可嘉尚。然国家久相任使，一朝忽无良相，如失两手。公若筋力不衰，无烦此让。"玄龄遂止。

十七年，与司徒长孙无忌等图形于凌烟阁，赞曰："才兼藻翰，思入机神。当官励节，奉上忘身。"高宗居春宫，加玄龄太子太傅，仍知门下省事，监修国史如故。寻以撰高祖、太宗实录成，降玺书褒美，赐物一千五百段。其年，玄龄丁继母忧去职，特敕赐以昭陵葬地。未几，起复本官。太宗亲征辽东，命玄龄京城留守，手诏曰："公当萧何之任，朕无西顾之忧矣。"军戎器械，战士粮廪，并委令处分发遣。玄龄屡上言敌不可轻，尤宜诫慎。寻与中书侍郎褚遂良受诏重撰《晋书》，于是奏取太子左庶子许敬宗、中书舍人来济、著作郎陆元仕刘子翼、前雍州刺史令狐德棻、太子舍人李义府薛元超、起居郎上官仪等八人，分功撰录，以臧荣绪《晋书》为主，参考诸家，甚为详洽。然史官多是文咏之士，好采诡谬碎事，以广异闻；又所评论，竟为绮艳，不求笃实，由是颇为学者所讥。唯李淳风深明星历，善于著述，所修《天文》《律历》《五行》三志，最可观采。太宗自著宣、武二帝及陆机、王羲之四论，于是总题云御撰。至二十年，书成，凡一百三十卷，诏藏于秘府，颁赐加级各有差。

玄龄尝因微谴归第，黄门侍郎褚遂良上疏曰："君为元首，臣号股肱，龙跃云兴，不啸而集，苟有时来，千年朝暮。陛下昔在布衣，心怀拯溺，手提轻剑，仗义而起。平诸寇乱，皆自神功，文经之助，颇由辅翼。为臣之勤，玄龄为最。昔吕望之扶周武，伊尹之佐成汤，萧何关中，王导江外，方之于斯，可以为匹。且武德初策名伏事，忠勤恭孝，众所同归。而前宫、海陵，冯凶恃乱，干时事主，人不自安，居累卵之危，有倒悬之急，命视一刻，身縻寸景，玄龄之心，终始无变。及九年之际，机临事迫，身被斥逐，阙于谟谋，犹服道士之衣，与文德皇后同心影助，其于臣节，自无所负。

《四库全书》本《旧唐书·房玄龄传》书影

房玄龄

及贞观之始，万物惟新，甄吏事君，物论推与，而勋庸无比，委质惟旧。自非罪状无赦，搢绅同尤，不可以一犯一怨，轻示遐弃。陛下必矜玄龄齿发，薄其所为，古者有讽谕大臣遣其致仕，自可在后，式遵前事，退之以礼，不失善声。今数十年勋旧，以一事而斥逐，在外云云，以为非是。夫天子重大臣则人尽其力，轻去就则物不自安。臣以庸薄，忝预左右，敢冒天威，以申管见。"

二十一年，太宗幸翠微宫，授司农卿李纬为民部尚书。玄龄时在京城留守，会有自京师来者，太宗问曰："玄龄闻李纬拜尚书如何？"对曰："玄龄但云李纬好髭须，更无他语。"太宗遽改授纬洛州刺史，其为当时准的如此。

二十二年，驾幸玉华宫，时玄龄旧疾发，诏令卧总留台。及渐笃，追赴宫所，乘担舆入殿，将至御座乃下。太宗对之流涕，玄龄亦感咽不能自胜。敕遣名医救疗，尚食每日供御膳。若微得减损，太宗即喜见颜色；如闻增剧，便为改容凄怆。玄龄因谓诸子曰："吾自度危笃，而恩泽转深，若孤负圣君，则死有余责。当今天下清谧，咸得其宜，唯东讨高丽不止，方为国患。主上含怒意决，臣下莫敢犯颜；吾知而不言，则衔恨入地。"遂抗表谏曰：

臣闻兵恶不戢，武贵止戈。当今圣化所覃，无远不届，洎上古所不臣者，陛下皆能臣之，所不制者，皆能制之。详观今古，为中国患害者，无如突厥。遂能坐运神策，不下殿堂，大小可汗，相次束手，分典禁卫，执戟行间。其后延陀鸱张，寻就夷灭，铁勒慕义，请置州县，沙漠以北，万里无尘。至如高昌叛换于流沙，吐浑首鼠于积石，偏师薄伐，俱从平荡。高丽历代逋诛，莫能讨击。陛

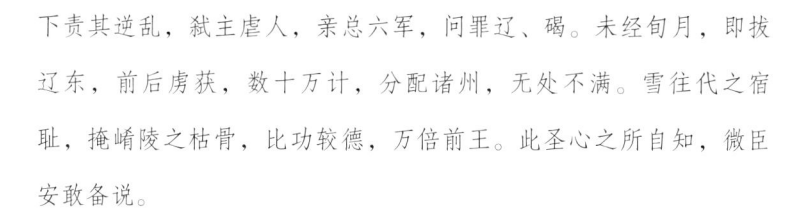

下责其逆乱，弑主虐人，亲总六军，问罪辽、碣。未经旬月，即拔辽东，前后虏获，数十万计，分配诸州，无处不满。雪往代之宿耻，掩崤陵之枯骨，比功较德，万倍前王。此圣心之所自知，微臣安敢备说。

且陛下仁风被于率土，孝德彰于配天。睹夷狄之将亡，则指期数岁；授将帅之节度，则决机万里。屈指而候驿，视景而望书，符应若神，算无遗策。擢将于行伍之中，取士于凡庸之末。远夷单使，一见不忘；小臣之名，未尝再问。箭穿七札，弓贯六钧。加以留情坟典，属意篇什，笔迈钟、张，辞穷班、马。文锋既振，则管磬自谐；轻翰暂飞，则花花竞发。扶万姓以慈，遇群臣以礼。褒秋毫之善，解吞舟之网。逆耳之谏必听，肤受之诉斯绝。好生之德，焚障塞于江湖；恶杀之仁，息鼓刀于屠肆。凫鹤荷稻粱之惠，犬马蒙帷盖之恩。降乘吮思摩之疮，登堂临魏征之枢。哭战亡之卒，则哀动六军；负填道之薪，则精感天地。重黔黎之大命，特尽心于庶狱。臣心识昏愦，岂足论圣功之深远，谈天德之高大哉！陛下兼众美而有之，靡不备具，微臣深为陛下惜之重之，爱之宝之。

《周易》曰："知进而不知退，知存而不知亡，知得而不知丧。"又曰："知进退存亡，不失其正者，惟圣人乎！"由此言之，进有退之义，存有亡之机，得有丧之理，老臣所以为陛下惜之者，盖此谓也。老子曰："知足不辱，知止不殆。"谓陛下威名功德，亦可足矣；拓地开疆，亦可止矣。彼高丽者，边夷贱类，不足待以仁义，不可责以常礼。古来以鱼鳖畜之，宜从阔略。若必欲绝其种类，恐兽穷则搏。且陛下每决一死囚，必令三覆五奏，进素

房玄龄

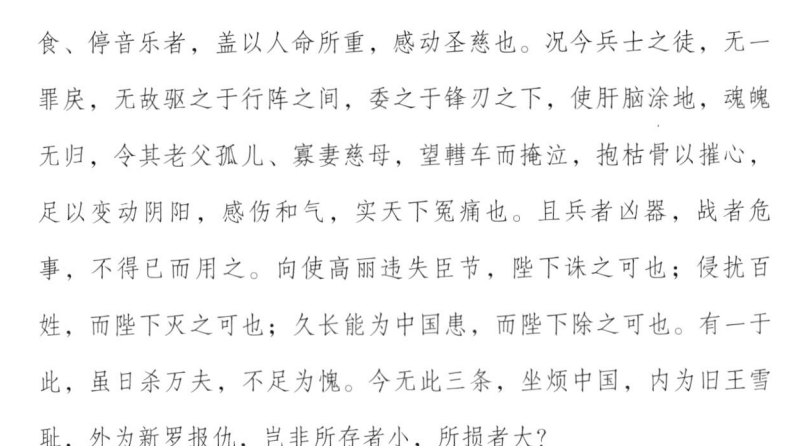

食、停音乐者,盖以人命所重,感动圣慈也。况今兵士之徒,无一罪戾,无故驱之于行阵之间,委之于锋刃之下,使肝脑涂地,魂魄无归,令其老父孤儿、寡妻慈母,望輀车而掩泣,抱枯骨以摧心,足以变动阴阳,感伤和气,实天下冤痛也。且兵者凶器,战者危事,不得已而用之。向使高丽违失臣节,陛下诛之可也;侵扰百姓,而陛下灭之可也;久长能为中国患,而陛下除之可也。有一于此,虽日杀万夫,不足为愧。今无此三条,坐烦中国,内为旧王雪耻,外为新罗报仇,岂非所存者小,所损者大?

愿陛下遵皇祖老子止足之诫,以保万代巍巍之名。发霈然之恩,降宽大之诏,顺阳春以布泽,许高丽以自新,焚凌波之船,罢应募之众,自然华夷庆赖,远肃迩安。臣老病三公,旦夕入地,所恨竟无尘露,微增海岳。谨罄残魂余息,预代结草之诚。倘蒙录此哀鸣,即臣死且不朽。

太宗见表,谓玄龄子妇高阳公主曰:"此人危惙如此,尚能忧我国家。"

后疾增剧,遂凿苑墙开门,累遣中使候问。上又亲临,握手叙别,悲不自胜。皇太子亦就之与之诀。即目授其子遗爱右卫中郎将,遗则中散大夫,使及目前见其通显。寻薨,年七十。废朝三日,册赠太尉、并州都督,谥曰文昭,给东园秘器,陪葬昭陵。玄龄尝诫诸子以骄奢沉溺,必不可以地望凌人,故集古今圣贤家诫,书于屏风,令各取一具,谓曰:"若能留意,足以保身成名。"又云:"袁家累叶忠节,是吾所尚,汝宜师之。"高宗嗣位,诏配享太宗庙庭。

子遗直嗣，永徽初为礼部尚书、汴州刺史。次子遗爱，尚太宗女高阳公主，拜驸马都尉，官至太府卿、散骑常侍。初，主有宠于太宗，故遗爱特承恩遇，与诸主婿礼秩绝异。主既骄恣，谋黜遗直而夺其封爵，永徽中诬告遗直无礼于己。高宗令长孙无忌鞠其事，因得公主与遗爱谋反之状。遗爱伏诛，公主赐自尽，诸子配流岭表。遗直以父功特宥之，除名为庶人。停玄龄配享。

……

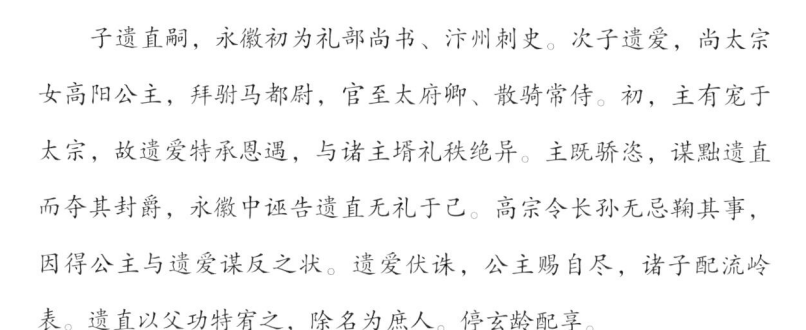

史臣曰：房、杜二公，皆以命世之才，遭逢明主，谋猷允协，以致升平。议者以比汉之萧、曹，信矣。然莱成之见用，文昭之所举也。世传太宗尝与文昭图事，则曰"非如晦莫能筹之"。及如晦至焉，竟从玄龄之策也。盖房知杜之能断大事，杜知房之善建嘉谋，禅谋草创，东里润色，相须而成，俾无悔事，贤达用心，良有以也。若以往哲方之，房则管仲、子产，杜则鲍叔、罕虎矣。

赞曰："肇启圣君，必生贤辅。猗欤二公，实开运祚。文含经纬，谋深夹辅。笙磬同音，唯房与杜。"

主要参考文献

1. ［唐］魏征等：《隋书》，北京：中华书局，1975年。

2. ［后晋］刘昫等：《旧唐书》，北京：中华书局，1975年。

3. ［宋］欧阳修、宋祁：《新唐书》，北京：中华书局，1975年。

4. ［唐］吴兢：《贞观政要》，上海：上海古籍出版社，1978年。

5. ［宋］王溥：《唐会要》，上海：上海古籍出版社，1991年。

6. ［唐］刘悚：《隋唐嘉话》，北京：中华书局，1979年。

7. ［唐］段成式：《酉阳杂俎》，北京：中华书局，1981年。

8. ［宋］司马光：《资治通鉴》，北京：中华书局，1956年。

9. ［清］董诰：《全唐文》，北京：中华书局，1983年。

10. ［唐］长孙无忌等撰、刘俊文点校：《唐律疏议》，北京：中华书局，1983年。

11. 赵克尧、许道勋著：《唐太宗传》，北京：人民出版社，1984年。

12. 周勋初主编：《唐人逸事汇编》，上海：上海古籍出版社，1995年。

13. 韩昇：《隋朝与高丽关系的演变》，《海交史研究》1998年第02期。

14. 金宝祥等著：《隋史新探》，兰州：兰州大学出版社，1989年。

15. 李永祥：《贞观名相房玄龄》，济南：黄河出版社，2002年。

16. 韩明祥：《济南历代墓志铭》，济南：黄河出版社，2002年。

17.王洪军：《房玄龄家族谱系里籍考》，《海岱学刊》2003年第00期。

18.房春艳：《中古房氏家族研究》，陕西师范大学硕士学位论文2007年，中国知网。

19.吴汝连：《济南历代名士选传》，济南：黄河出版社，2004年。

20.安作璋总主编（本卷主编秦永州）：《济南通史·魏晋南北朝隋唐五代卷》，济南：齐鲁书社，2008年。

21.房道国、刘会先：《房玄龄籍贯初考》，《齐鲁文史》2009年第1期。

22.徐长玉主编：《济南文化通览》，济南：山东人民出版社，2012年。

23.周尚兵著：《齐州房氏家族文化研究》，北京：中华书局，2013年。